編 黒沢幸子
Kurosawa Sachiko

赤津玲子
Akatsu Reiko

木場律志
Kiba Tadashi

思春期の ブリーフセラピー

Brief Therapy for Adolescents

こころとからだの心理臨床

日本評論社

まえがき

　思春期は，なかなかに厄介だ。

　望みもしないのにからだが変わっていく。一日の大半を過ごす学校では，友だちや先生との人間関係，勉強や進学のことなど，些細なことにもチクチクとこころが痛み，そうそう安心しては過ごせない。周りと同質でいないと不安だし，同質を求められると窮屈だ。異質でいられる勇気もない。学校を離れてもSNSにとらわれの身となり，自分らしくいるなんて難しすぎる。そもそも「自分らしさ」なんてわかんないし。学校では何とか笑顔を作ってやり過ごし，家では不機嫌というのが定番だ。

　親とのかかわり，これが鬼門。"友だち親子"をやっていれば，楽しいときはいいけれど，ちょっと暗い顔など見せたりすると，親のほうがすぐに反応して揺れるから悩みなんて言えないし，親のグチの聞き役なんてざらでしょ。わからずやの親だったら，どう逃げるか，どう隠すか，どうやって面倒なことにしないか，潜伏作戦しかないか。そんなに器用には立ち振る舞えないからほころびが出て，結局，親とバトルの悪循環。かといって，そんなに親を突き放せるわけでもない。腹は立つけど，くそっ，おあいこか。

　思春期のこころの翻訳機があったなら，こんな言葉がもっともっと渦巻いて流れ出るのかもしれない。しかし，そんなふうに言葉を紡ぐ術もないから，からだがいろいろものを言う。成長途上で絶賛変化中だから，余計にからだが反応する。からだがものを言う（体調不良や症状があらわれる）ことで，多くは困ることになる……ようでいて，意外に実は救われたりもする。

　思春期は，こころとからだ，自分と周囲（家族，友だち，学校など）との複

3

雑に絡む関係性のなかで，もがきが強まる時期だ（とみることもできる）。こころとからだ，自分と周囲は，どちらが卵か鶏か。どちらでもあるということは容易にわかるだろう。

　そして，思春期にはこれらの関係性に加え，時間性が伴う。こころとからだの時間，親の時間，学校の時間などとの関係性があり，また進路，将来，生き方など，未来展望の時間は思春期から広がり始める。つまり，未来の時間との関係性をどのように作り育むかは，思春期だからこそ，より重要な意味をもつことになる。

　このような思春期に対する心理療法を考えてみれば，直線的認識論の発想で，1つの問題にとらわれたり，原因探しや悪者探しをしたりすることがほとんど功を奏さないことは容易に想像できるだろう。必要なのはこころとからだと周囲の関係性を丁寧に扱って，よい循環が生まれるように働きかけ，多くのリソースを活かして，思春期の人々が自分らしく主体的に望む未来を生きられるようになっていくことを手伝うことである。これを実践するのがブリーフセラピーである。ブリーフセラピーは円環的認識論に立ち，解決を志向する。

　私も，ブリーフセラピーを活用して思春期臨床を展開してきているが，まがりなりにも四半世紀あまりの日々を費やしていると，当時思春期だった人々が，どのような未来を手にしたのかを知る機会が増えてくる。その成長された姿を見て，感動と尊敬，さらに感謝の気持ちまで覚えることが少なくない。もちろんときには反省もあるが，その姿からは大きな希望をあたえられる。そのような大切な思春期の時期に出会う心理療法という仕事の責任の重さに，あらためて身が引き締まる想いを抱くことも確かだ。

　さて，本書は，ベテランがしたり顔で思春期臨床を記述するのではなく，どちらかといえば新進気鋭の執筆陣によって構成されている。そのフレッシュで鋭敏な感性と，不断の努力を惜しまずに臨床に取り組む真剣な姿勢こそ，思春期臨床で忘れてはならないものであり，そこから学ぶことが大きいと考えている。共編者らと3人で何度も話し合い，ぜひ思春期の心理臨床につい

て書いてほしいと思う方に執筆をお願いした。ある意味では予想通りともいえるが，嬉しいことにその予想をさらに超えて，どの執筆者も，事例とのかかわりを生き生きとした対話を中心に描写し，各派多様なブリーフセラピーを活写し考察している。

　さらに本書の特徴は，【第1部　学校編】と【第2部　医療編】に分けて，思春期のこころとからだにまたがる事例，いわゆる心身症的な事例を提示していることである。まず「序章」で，思春期のこころとからだの問題とブリーフセラピーについて，「木を見て森も見る」視点など，事例を交えてわかりやすく概説される。続いて，読者は【学校編】と【医療編】の事例に誘われる。読者の興味や立ち位置に応じて，どちらのパートから読み進めてもかまわない。

　学校場面では，朝起きられないための遅刻，頭痛・腹痛・吐き気などの体調不良や不定愁訴による不登校などが大変に多く，また抜毛や過敏性腸症候群などの事例にもよく出会う。本書ではそれらを，各章で提示している。

　すでに述べてきたように，思春期は学校との関係性が切り離せない。スクールカウンセラーという学校臨床の担い手が思春期臨床に新たに加わり，昨今ではその重要性が増している。外部の医療機関や相談機関につながる前に，学校のなかで，課題を抱える思春期の人々や保護者，先生たちといった関係者とかかわることができるのは大きな強みであり，それらリソースを活かさない手はない。言い換えれば，ここでスクールカウンセラーの手腕が問われるわけである。からだの不調や症状が主訴である場合，それをどう扱ったらいいかと悩み，苦手意識をもっているスクールカウンセラーも少なくない。しかし，外部医療機関にリファーするばかりが得策とはいえない。学校は，思春期の子どもたちとの関係性と未来を扱うのに最適な場でもあるのである。本書の【学校編】は，そこに多くの具体的なヒントと希望を示してくれるだろう。

　また【医療編】では，起立性調節障害，摂食障害，発達の特性を背景にもった身体症状，不定愁訴と家族の困り感など，医療機関に持ち込まれることの多い思春期事例が各章で提示される。そのほとんどは本人だけでなく，母

親などを含む面接となっている。

　医療機関では，昨今，思春期外来と銘打っている診療部門の予約が，かなり取りにくい状況にあることを耳にする。思春期事例をそれに合った形で診療してくれる医療機関が，それほどに求められているということでもある。思春期事例は身体化することが多いため，当初何らかの身体的な異常があることが疑われて医療機関を受診してくる。そこで，明らかな身体的異常が除外されたり，心身症やストレス由来の症状と判断されたりしてつながってこられるのが，心理療法の場面である。

　読者のなかには，思春期事例のこころとからだへの心理療法に興味があるが，ブリーフセラピーにはあまり馴染みがないという方もおられるだろう。もしかしたら「ブリーフ（短期）」という言葉からはじめに連想されるのは，簡易に技法優位に進めるような，少々雑な（？）やり方といったものかもしれない。しかし，【医療編】に登場する事例を読めば，その誤解されやすいイメージとは裏腹に，思春期の本人と関係者を尊重しつつ，その関係性を広い視野から読み取り，対話を丁寧に積み重ねて回復や改善を導いていることに驚かれるだろう。本書のなかでよく言及されているシステムズアプローチも解決志向アプローチも，あえて言及されずに散りばめられているブリーフセラピーの多様な技法も，どれも悪者を作らず，よい未来への循環を作るべく，実に丁寧な対話に基づいて行われている。もちろん，これは【学校編】の事例にも同様にいえることである。

　そして「終章」では，思春期界隈の保護者をはじめとした関係者支援として，子どもを支援したいという気持ちは関係者も私たちと同じであるが，私たちとの関係でさらにそれを作り出し，可能な限り対等な関係で手をつなぐことこそが変化の可能性を生むということ，それがあたたかく述べられている。

　ところで，本書の執筆者はほとんどが心理職であるが，第11章は医師によるものである。心理職に比して患者にかかわる武器をより多くもっている医師が，それらの武器を少し脇に置いて心理療法（ブリーフセラピー）を学び，みずからの医療の理想を見失わずに初学者として謙虚に実践した事例につい

て，清流のように澄んだ描写がなされている。あらためて心理療法や治療の本質とは何かを教えられるものと感じている。

　本書では，読者が読み進めるうえで少しでも助けになるよう「ミニ用語集」を付録している。また第12章では，解決志向ブリーフセラピーとナラティヴ・セラピーについて，「ミニ用語集」では十分に説明が行き届かない項目や内容が簡潔明瞭に解説されている。未来のポジションから思春期の支援を考える論考はもちろんのこと，両者の主な技法がまとめられた一覧表も，本書のプチお土産に違いない。

　最後になってしまったが，本書は，各事例に関係するみなさまとの出会いと，真摯に展開された対話の日々なくしては生まれなかった。当然のことながら，どの執筆者も言及しているように，事例の記載にあたっては匿名性を担保し，個人情報を保護するための修正などが加えられている。関係者のみなさまのご理解とご協力から，私たちは多くを学ばせていただくことができた。ここに，深く感謝を申し上げたい。

　思春期のこころとからだの心理臨床に多くのヒントをもたらす書として，本書が広く読者に役立ち愛されることを願ってやまない。

2022年8月　青空に弧を描く虹をこころに抱いて

黒沢幸子

もくじ

まえがき ……………………………………………………………………… 3

黒沢幸子

ミニ用語集 ……………………………………………………………………12

序　章　思春期のこころとからだの問題と
　　　　ブリーフセラピー ……………………………………………16

木場律志

こころとからだの関係／「木を見て森を見ず」ではないのだけれども……／人の「こころ」の話になると……／「ストレス」と一口に言うけれども……／思春期における「関係性」の変化とストレス／ブリーフセラピーという「関係性」を見る支援／思春期のこころとからだの問題とブリーフセラピーの実際

[第1部　学校編]

第1章　頭痛と吐き気で教室にいることが難しい …………30

志田　望

はじめに／事例の概要／初回面接／第2回面接／第3回面接／その後の経過／考　察

第2章　髪の毛を抜いてしまう ……………………………45

法澤直子

はじめに／事例の概要／場面①　茶封筒／場面②　Aさんとの初回面談／場面③　担任の先生への報告／場面④　Aさんとの2回目の面談／場面⑤　母親との初回面談／場面⑥　職員室で担任から話しかけられる／場面⑦　Aさんとの3回目の面談／まとめ

第3章　原因不明の吐き気は問題？ ················60

井上滉太

はじめに／初回面接（X年10月）／第2回面接（X年10月）／第3〜7回面接
（X年10月〜X年11月）／第8〜13回面接（X年12月〜X＋1年1月）／第14〜
17回面接（X＋1年2月〜X＋1年4月）／第18回面接（X＋1年4月）／第
19〜22回面接（X＋1年4月〜X＋1年5月）／おわりに

第4章　めまいや耳鳴りで友人関係がうまくもてない
·················74

横尾晴香

はじめに／学校で働くにあたって／事例の概要／初回面接／第2回面接／第3
回面接／第4回面接／その後の経過／まとめ

第5章　眠たくてすぐに起きられない，
授業も受けられない ················86

西田達也

授業観察からみえてくる子どもたちの〝解決〟／思春期の子どもにとって「起
きられない」とは？／必要だったのは「診断」ではなく，「前向きの未来像」だ
ったY君／『障害』はむしろリソースだったZさん／まとめ

第6章　過敏性腸症候群のスクールカウンセリング
──来談しない生徒と「未成年の主張」 ················99

大石直子

はじめに／事例の概要／カウンセラーへの相談／初回面接／初回面接後のメー
ルのやりとり／母親の変化／スクールカウンセラーが「症状」を相談されたら
／「解決」の主導権を，本人に／考　察

［第2部　医療編］

第7章　**起立性調節障害**──システムズアプローチ風 ……………… 116
吉田幸平

はじめに／事例の概要／初回面接／第2回面接／第3回面接／考　察／おわりに

第8章　**摂食障害**
──「例外」への注目と本人の強みを活かしたアプローチ…… 130
山仲彩代

はじめに／事例の概要／初回面接／2回目以降の面接／摂食障害の解決につながる「変化」／考　察

第9章　**発達障害を背景にもつ抑うつ症状や身体症状**
──リソースを活かす発達臨床 ……………………………………… 142
田上　貢

はじめに／事例の概要／初回面接／第2回面接／第3回面接／第3回面接以降／考　察／おわりに

第10章　**強迫性障害**──コミュニケーションの読み取りと介入，
言葉遣いと治療姿勢………………………………………… 156
伊東秀章

はじめに／事例の概要／初回面接／第2回面接／第3回面接／第4回面接以降／考　察

第11章　**メンタルクリニックでのブリーフ的支援** ………… 170
平山雄也

はじめに／その1　診察前／その2　まずは母子で診察室に／その3　Aさんの「思い」／その4　「思い」を母親に伝える？／その5　母親の「思い」／その6　母子の「思い」はつながるか／その7　次回につなげる／おわりに

第12章　未来のポジションから考える
　　　　思春期へのブリーフ的支援·····················184
　　　　　　　　　　　　　　　　　　　　　　　伊藤弥生

はじめに／本ケースで主に活用したブリーフセラピー／思春期の摂食障害を自
力でブリーフ的に乗り越えたケース——未来からの振り返り／おわりに

終　章　思春期界隈ストーリー
　　　　——保護者や関係者を支援する·····················199
　　　　　　　　　　　　　　　　　　　　　　　赤津玲子

はじめに／「私も抜毛してたんです」と言うお母さん／担任の暗躍／「甘やか
してはいけない」という信念／おわりに

ミニ用語集

アップポジション／ダウンポジション：「アップポジション」とは，支援者が支援対象者に指示的にかかわったり，見立てや支援の方針を伝達したりするなど，自身の専門性に基づいて行為しようとすることを指す。反対に，支援者が自身の専門性を留保しようとする態度で支援対象者にかかわろうとすることを「ダウンポジション」といい，支援対象者に教えてもらったりお願いしたりしようとするなどの行為に見出される。

円環的認識論：あることが原因になってある出来事（結果）が生じていると考える「直線的認識論」とは異なり，原因と結果が循環していると考える捉え方のこと（「円環性」と呼ばれる）。たとえば，「母親が過保護だから子どもが不登校になった」という考え方は直線的認識論であるが，「母親が過保護だから子どもが不登校になったと考えることもできるし，子どもが不登校の状態にあると母親は過保護にならざるを得ないと考えることもできる」という考え方がこれにあたる。

エンパワーメント：支援対象者がみずからの力を活かして生きられるように元気づけること。リソースや例外に焦点を当てて会話を展開し，支援対象者をコンプリメントすることによって行われる。

外在化：個体の内部に存在すると考えられているものを，言葉やイメージを使って疑似的に外に出すこと（くわしくは第12章〔190-191頁〕の解説を参照）。

言説：人の価値観や言動のもととなるような考え方のことで，「ディスコース」とも呼ばれる（くわしくは第12章〔190頁〕「ディスコース」の解説を参照）。

コンテクスト：ある行為が行われた背景のことで，「文脈」とも呼ばれ，ブリーフセラピーでは「コンテンツ（内容）」と対比して用いられることが多い。教師が生徒の母親に対して「お母さんの育て方の影響ですね」と言った場合，その生徒が優秀な成績をおさめて表彰されたという背景（コンテクスト）で発せられたものであれば「ほめている」ことになるが，その生徒が問題行動を起こしたという背景（コンテクスト）で発せられたものであれば「批判している」ことになる。このように発言の内容（コンテンツ）は同じでも，コンテクストが異なるとその意味はまったく違ったものとなり得る。

コンプリメント：称賛や感銘を表し，支援対象者がみずからのうまくいっていること，努力や工夫，長所などを認められるようにねぎらうこと（くわしくは第12章〔188頁〕の解説を参照）。

サブシステム：ブリーフセラピーのアプローチの1つであるシステムズアプローチでは「要素同士が相互作用し続ける全体」をシステムと呼ぶが，これをより小さな単位に分けた場合のそのシステムのこと。たとえば父・母・長女・長男・次男で構成される5人家族の場合，この5人全員をシステム（互いに影響を与え合っている全体）として捉えたものは「家族システム」と呼ばれるが，そのうちの父と母を1つのシステムとして捉えるとそれは「夫婦システム」というサブシステムとなり，また長男と次男を1つのシステムと捉えると「男兄弟システム」というサブシステムとなる。

ジョイニング：支援者が支援対象者に対して，互いに影響を及ぼせるような関係性を構築しようとすること。もともとは構造的家族療法の提唱者であるサルヴァドール・ミニューチンが紹介した用語で，支援対象の家族に支援者が「参加すること（joining）」「波長を合わせること」という意味があるが，家族だけではなく個人に対する支援においても協調的な関係性の構築は重要となるため，ブリーフセラピーのさまざまなアプローチで重視されている。

心身症：日本心身医学会によると「身体疾患の中で，その発症や経過に心理社会的因子が密接に関与し，器質的ないし機能的障害が認められる病態。ただし，神経症やうつ病など，他の精神障害に伴う身体症状は除外する」と定義されている。身体症状（胃腸の不調，頭痛，めまいなど）の出現や変化に，心理社会的因子（ストレ

スや生活環境など）が強く影響していると考えられる病気の状態のこと。

ノーマライズ：支援対象者が問題として語る経験を，病的なものではなく道理にかなったもの（一般的に生じ得ると考えられるもの）として位置づけること。

パンクチュエーション：「句読点を打つこと」を意味し，ブリーフセラピーにおいては「相互作用の一部を切り取ること」という意味で用いられる。たとえば，『①子ども：夜遅くまでゲームをしている⇒②母：ゲームをやめるように言う⇒③子ども：生返事をする⇒④母：早く寝るように言う⇒⑤子ども：怒って物を投げつける』という相互作用について，母親が①②⑤を切り取ると「ゲーム中毒で暴力的な子どもが問題」と意味づけられるが，子どもの立場から②④を切り取ると「ゲームに対して理解がない母親が問題」と意味づけられる。

リソース：能力，強さ，可能性などを指し，「資源・資質」と訳される。個人のなかにある力（能力），興味や関心（好きなこと），すでにできていることといった「内的リソース」と，個人の周囲にあって個人を支えている人々や生き物（ペットや植物など），物といった「外的リソース」を含む。

リフレーム：意味づけを変えること，意味づけが変わること。たとえば，「めまいによって朝起きることができない」という事象に対する意味づけが，「学校をサボりたいから」というものから「頑張りすぎてストレスが溜まってしまったから」というものに変われば，枠組み（フレーム）が変わったといえる。

例外：支援対象者の生活のなかで，問題が起こっていないときやそれほど深刻ではないときの経験のこと。解決志向アプローチでは，これをすでに起こっている解決の一部と考え，例外を１つずつ積み上げて日常化していくことが解決につながると考える。

枠組み（フレーム）：事象，相互作用を一定のところで区切り（パンクチュエートし），枠づけたものであり，いわゆる「意味」のこと。上記の「パンクチュエーション」の例では，「ゲーム中毒で暴力的な子どもが問題」「ゲームに対して理解がない母親が問題」という考え方が枠組み（フレーム）ということになる。

［参考文献］

赤津玲子，田中究，木場律志編『みんなのシステム論—対人援助のためのコラボレーション入門』日本評論社，2019年

ピーター・ディヤング，インスー・キム・バーグ（桐田弘江，住谷祐子，玉真慎子訳）『解決のための面接技法 第4版—ソリューション・フォーカスト・アプローチの手引き』金剛出版，2016年

黒沢幸子『未来・解決志向ブリーフセラピーへの招待—タイムマシン心理療法』日本評論社，2022年

サルヴァドール・ミニューチン（山根常男監訳）『家族と家族療法』誠信書房，1984年

森俊夫『ブリーフセラピーの極意』ほんの森出版，2015年

森俊夫，黒沢幸子『〈森・黒沢のワークショップで学ぶ〉解決志向ブリーフセラピー』ほんの森出版，2002年

日本家族研究・家族療法学会編『家族療法テキストブック』金剛出版，2013年

日本心身医学会教育研修委員会編「心身医学の新しい診療指針」『心身医学』31巻7号，537-573頁，1991年

日本ブリーフサイコセラピー学会編『ブリーフセラピー入門—柔軟で効果的なアプローチに向けて』遠見書房，2020年

坂本真佐哉『今日から始まるナラティヴ・セラピー—希望をひらく対人援助』日本評論社，2019年

坂本真佐哉，黒沢幸子編『不登校・ひきこもりに効く ブリーフセラピー』日本評論社，2016年

思春期のこころとからだの問題と
ブリーフセラピー

Kiba Tadashi
木場律志

こころとからだの関係

「嫌なことがあると，お腹が痛くなる」

「緊張すると，心臓がドキドキする」

「心配なことがあると，食欲がなくなる」

「怖い思いをすると，鳥肌が立つ」

「恋をすると，足どりが軽くなる！」

　ある女子大学の心理学の授業で「こころとからだが関係していると考えられる事柄として，どんなことがありますか？」と尋ねると，こんな答えが返ってきた。なるほど，誰もが一度は経験したり聞いたりしたことがありそうな事柄である（最後のはちょっと微妙な気もするが……笑）。

　これらはいずれも「こころの状態が原因となって，からだがその影響を受ける現象」といえる。そこで，その逆のこと，つまりからだの状態が原因となって，こころがその影響を受ける現象としてはどんなことがあるかを尋ねてみた。

「運動をすると，気持ちがスッキリする」

「お風呂で温まると，リラックスできる」

「ケガをして痛いときは，暗い気分になる」

「体調がよくない状態が続くと，不安になる」

「ダイエットに成功すると，うれしくなる！」

　また納得の答えが返ってきた（最後のはからだの状態の変化を感じられるわけではなさそうなので，これもちょっと微妙……？　女子大生らしい回答ではあるけれども）。

　これらの事柄からわかるように，私たちのこころとからだはつながっており，相互に影響を与え合っているといえる。これをこころ（心）とからだ（身体）が相互に関係し合っているということで，「心身相関」と呼ぶ。

「木を見て森を見ず」ではないのだけれども……

　あるところに木が生えていました。ところが，あるときその木は枯れてしまいました。なぜでしょうか？

　これはある大学の心理学の授業で出されたクイズである。だが，クイズといっても正解があるわけではない。木が枯れた原因として考えられることを思いつく限り挙げてもらう，というものである。

　図0-1はその回答を筆者が分類してまとめたものである（回答者数は179名）。「水分の不足」が最多の130名で，7割以上の学生がこれを挙げていた。以下，「寄生（ウイルスのせい，害虫にやられたなど）」「日照不足」「気候（寒すぎた，暑すぎたなど）」「養分の不足」と続いた。

　その次に「寿命」という回答がランクインしたが，これはここまでの回答とは少し趣が異なる。なぜかといえば，「寿命」という要因（木が枯れた原因）には，この木そのもの，つまり「個体」としての要因以外は含まれていないからである。要は，この木が枯れた原因はこの木そのものにある，ということなのである。このように個体内に原因があるとした回答には，「その木が弱かったから」といったように木そのものの「弱さ」に言及したものもあったが，これを挙げたのはたったの5名（全体の約2.8%）であった。

　この結果から筆者が言いたいことは，木が枯れるという木にとっての「問

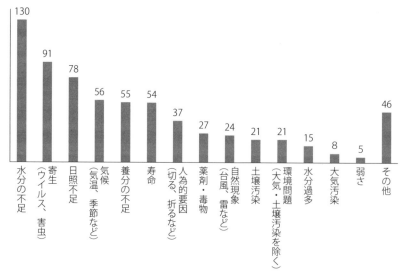

図0-1　木が枯れた原因

題」の原因を考える際には，木そのものの要因ももちろん考えられるが，多くの人が木の「周囲」を含めた視点をもつことができている，ということである。「木を見て森を見ず」ということわざがあるが，そんなことはない，私たちはちゃんと森（木の周囲）も一緒に見ることができているのである。

人の「こころ」の話になると……

ここで本章のタイトルにある，「思春期のこころとからだの問題」の例を挙げてみよう（当事者および関係者のプライバシーに配慮し，人物の名前をアルファベットにするなどの方法によって文脈が損なわれない程度に内容を改変した）。

A子さんは16歳の高校１年生。幼い頃からやんちゃな４歳下（小学６年生）の弟とは対照的に，真面目で誰にでも親切な，いわゆる「良い子」であり，両親との関係も良好で友だちも多い。小学校高学年の頃から時折腹痛のために学校を遅刻したり欠席したりしたことはあったものの，その頻度は多

くても年に数回程度であり，小児科で処方された薬を飲めば改善するという程度だったこともあって，Ａ子さん自身も家族や学校の先生，友人も特段気にとめてはいなかった。

　ところが高校に入学して１ヵ月が経った頃，バレーボール部の活動中に突然強い腹痛に襲われるということがあった。そしてそれ以降，たびたび腹痛が生じるようになり，６月には毎朝生じる腹痛や下痢のために登校することができなくなってしまった。大きな病院の消化器内科に行って，腹部のＸ線検査（レントゲン検査）や大腸の内視鏡検査を行ったがとくに異常は見つからず，医師からは「ストレスでは？」と言われた。

　それを聞いたＡ子さんのお母さんは，何がストレスになっているのかを考えてみた。Ａ子さんの話を聞くところでは，その高校のバレーボール部は上下関係がかなり厳しいようであり，またミスをするとその学年の連帯責任になるので同級生の間にも緊張感があり，中学生のときに在籍していたチームのような和気あいあいとした雰囲気はないらしい。しかし，だからといって部活動を辞めたいとまでは思っておらず，体調がよくなって登校できるようになればまたバレーボールがしたいという。

　「運動部で上下関係が厳しいのは別にめずらしいことでもないのに，それがストレスになっているのだとしたらウチの娘は精神的に弱いんじゃないだろうか……？　しかも，そんなふうにストレスにやられているのにもかかわらず部活動を辞めるつもりがないということは，そうした自分の弱さに気づいていないんじゃないだろうか？　考えてみると，昔から『優しすぎる子』だったかもしれない。弟と違って親から怒られることも少なかった。だから弱い子に育ってしまったのかもしれない……」。Ａ子さんのお母さんはこんな思いを抱きながら，娘を連れて大学病院を訪れた。

　さて，Ａ子さんの腹痛や下痢は，お母さんが心配するように，「弱い子」だから生じているのだろうか？　この事例のように「こころ」が関係する（ストレスが原因）と考えられるような「からだ」の症状が生じると，その人の「こころ」に何らかの問題があるとみなされることは極めて多い。

しかし，その大学病院の臨床心理士（筆者）がA子さんの話を聴いていくと，以下のようなことが明らかになった。

・学校に行きたいのに腹痛や下痢のために行けず，困っている。
・たしかに，部活動で先輩に叱られるのは怖いし，同級生もお互いに厳しい目を向け合っているので強い緊張を感じる。
・顧問の先生も厳しい人で，自分を含む部員みんなに恐れられている。
・消化器内科で検査をしても異常が見つからなかったときには，「何か未知の病気が隠れているんじゃないか」と不安になった。また，医師に「ストレスでは？」と言われたときには「それくらいのストレスは乗り越えられる強い人になりなさい」と突き放されたような気がした。
・一度だけ高校のスクールカウンセラーに相談してみたことがあるが，「からだのことは専門が違うのでよくわからない」「病院で相談したほうがいい」と言われ，「やっぱり病気が隠れてるんじゃないか」と不安が強くなった。
・担任は美術の先生だが，選択授業で美術をとっていないのであまりかかわりがなく，なんとなく話しにくい感じがする。
・中学生の頃は親友のB子さんと3年間同じクラスで，お互いにコッソリと愚痴を言い合ってストレスを発散していたが，高校に入ってからはクラスが別々になり，やや距離ができてしまった。
・B子さんと話ができないぶん，部活動のことを家族に話して聴いてもらいたいという思いはあったが，父は最近昇進して仕事が忙しいようで毎日帰宅が遅いし，母は反抗期に入った弟に手を焼いているので，自分のことで心配をかけたくない思いのほうが強く，気を遣って話していない。また，そのような弟とは会話そのものが以前より減ってきており，「暗い話」はなおさらしにくい。

　どうだろう。これでもまだ，A子さんの腹痛や下痢の原因は「弱さ」だと考えるだろうか？

A子さんの「からだの問題」を，先に示した「木が枯れたという問題」として考えてみると，A子さんの周りには「森」があることが明らかになってくる。それは，叱責を恐れる関係にある先輩や顧問の先生だったり，厳しい目を向け合っている同級生だったりするし，不安になったり突き放されたような気がするやりとりとなってしまった医師やスクールカウンセラー，なんとなく話しにくいという担任の先生も含まれる。また，B子さん，両親，反抗期の弟も，A子さんという「木」に影響を与えている「森」の一員に違いない。

　私たちは「からだ」に何らかの不調が生じた際に，明らかな身体的異常が見つからない場合，「こころ」（いわゆる「ストレス」）が原因となっている可能性を考えることが多い。「ストレス」は私たちという「木」に影響を与える「森」との間で生じるものなので，この考え方は決して間違っているわけではないのだが，そこでどういうわけか「ストレスに弱いからからだに不調が生じた」と，「本人の弱さ」に原因を求めることになりやすい。先に例として挙げた「水分の不足」や「寄生」も木にとってはストレスになり得るものに違いないのだが，「水分が不足したくらいで枯れるのは，その木が弱いせいだ」「ウイルスの影響くらい乗り越えられる強い木でなかったのが問題なのだ」という考え方をすることはほとんどないにもかかわらず。

　木を見て森も見ることができるはずの私たちは，「こころ」の話になると途端に森を見なくなってしまい，その木の内部，すなわち個人の「こころ」のなかに問題を探すようになる。「木を見て森を見ず」ならぬ「個を見て周りを見ず」というところだろうか……。

「ストレス」と一口に言うけれども……

　「ストレス」という言葉は心理学や医学に限らず日常語として定着しているが，実は言葉の使い方としては誤解されている。

　ストレスとは，もともと物理学や工学の分野で用いられていた言葉であり，「外から力が加えられたときに物体に生じる歪み」を意味する。そしてこれ

が医学や生物学の分野に導入されたわけだが，その際に「外からの力」のことをストレスと表現してしまったのである。私たちはこの外的刺激をストレスと呼んでいるが，本来これは「ストレッサー」と呼ばれるものであり，ストレスとは外的刺激によって生じる「反応」のことなのである[1]（学術的には誤解を招くということでのちに訂正されたのだが，一般にはまだ誤解されたままである）。たとえるなら，壁を殴って穴が空いた場合，壁を殴ったその力が「ストレッサー」であり，「ストレス」というのは「穴が空くという（壁の）反応」のことなのである（たとえがちょっと乱暴……？　文字通り？）。

　筆者がここで強調したいのは，ストレスとは外にある何かに対する反応である，ということである。つまり，ストレスについて考える際には，その当事者（個人）だけを考えるのではなく，当事者と周囲の「関係性」（相互に影響を与え合っているという意味で「相互作用」と言ってもよいだろう）を見ることが不可欠となる。すなわち，先に述べた「木を見て森も見る」「個を見て周りも見る」という視点である。

　では，先ほどのA子さん（個人）と周囲の「関係性」を見てみよう。先に示した情報からだけでも図0-2のようなことが考えられる。

　バレーボール部の先輩や同級生，顧問の先生に対する「こころ」の反応としては「恐れ」や「緊張感」が生じていると考えられる。また，消化器内科の医師やスクールカウンセラーに対するA子さんの「こころ」の反応は，不安になったり「突き放された」と感じたりするというものであった。そして，あまりかかわりがない担任の先生に対しては「話しにくい」と反応しており，弟に対しても「暗い話」については同様の反応になっている。さらにB子さんに対しては，進学がきっかけとなって少し心理的な距離を感じるようになるという反応があったようである。加えて，両親に対する反応は，自身のことで心配をかけたくないと気を遣うというものになっている。

　このように「ストレス」と一口に言っても，恐れや緊張感，不安，「突き放された」「（心理的な）距離ができてしまった」という思い，話しにくい・気を遣って話したいことを話さないといったように，さまざまなものを含んでいる。

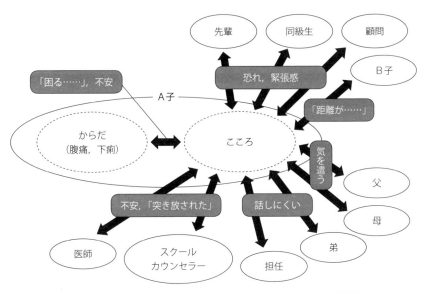

図0-2　A子さんの「こころ」と「からだ」の問題をめぐる関係性

　また，A子さんの「こころ」と周囲の「関係性」に注目してみると，上記のようなA子さんの周囲の人以外に，A子さんの「からだ」もその周囲に含まれることになる（一般に「こころ」と「からだ」は別のものと考えられているので）。A子さんの場合，腹痛や下痢のために行きたいと思っている学校に行くことができずにいるので，「こころ」は「からだ」に対して「困る」と反応しており，また検査で異常が見つからなかったことで「不安」という反応も生じている。人の「こころ」に影響を与える「外にある何か」とは，何も「A子さんの外にあるもの」だけではない。「こころ」以外のものという意味では，A子さんの「からだ」もまた「こころ」の「外にあるもの」として影響を与えるのである。まさしく「心身相関」。やはり，こころとからだはつながっており，影響を与え合っているのである。

思春期における「関係性」の変化とストレス

　前節では，ストレスが「関係性」のなかで生じるものであることを述べた。

そして，この場合の「関係性」とは，個人と周囲の関係性であり，また個人の「こころ」と「からだ」の関係性でもあるということであった。

　思春期は，この「関係性」が変化する時期でもある（ほかの時期は変化しない，というわけではないが）。先のA子さんとその周囲を見てみると，進学がA子さんとB子さんの「関係性」に変化を与えたわけだが，進級によるクラス替えでもこのようなことは十分起こり得る。タラレバを言い出すとキリがないが，もしも担任の先生がA子さんにとって話しやすい先生だったとしたらストレスのあり方も違っていた可能性はあるので，そう考えると担任が変わることも「関係性」の変化といえよう。また，バレーボール部に入部することによって先輩や同級生，顧問の先生と出会い，そのなかでストレスが生じたという意味では，入部も「関係性」の変化であろう（もちろん退部や部活動からの「引退」も変化となる）。医療機関を受診したりスクールカウンセリングを利用したりすると，そこで医師やスクールカウンセラーとの間に新たな「関係性」が生じることになる。また，A子さんの場合，父の昇進や弟の反抗期が家族との「関係性」に変化を生じさせていた。

　さらに，これはわざわざ説明するまでもないことだろうが，思春期は身体的に大きな変化を迎える時期であり，性ホルモンの分泌をはじめとしてからだのさまざまな部分で変化（ときに不調）が生じる。そして，そのからだの変化がこころとの「関係性」にも影響を与えることになる。

　もちろん，このような「関係性」の変化がすべて悪い，という話ではない（仮に悪かったとしても避けられるものばかりでもないだろうが）。進級や進学，学業や課外活動における出来事，さまざまな場面での新しい人との出会い，家族のなかに生じる変化や身体的な変化が，思春期の個人のこころに影響を与え，そこから「よい反応」が生まれることもたくさんある（「いい学校に進んだな」とか「最高の友だちに出会えた！」とか「この先生の授業はわかりやすいな」とか「最近前よりお母さんと仲がよくなった」とか「背が伸びてうれしい！」とか）。しかし，これらの「関係性」の変化が今までにはなかった新たなストレスを生み出す可能性があることを，支援者（カウンセラーや医師，教師など）は念頭に置いておいたほうがよいだろう。

ブリーフセラピーという「関係性」を見る支援

　ここまでに，個人に何らかの「問題」が生じた場合，その「関係性」を見る（考える）ことの重要性について述べてきた（この場合の「問題」が「からだの問題」なのか，あるいは「こころの問題」なのかはあまり重要ではない，という説明はもう不要ということでOK？　だって，からだとこころはつながっているのだから，ね！）。そうなると，このような「問題」に対して何らかの支援が必要となった際は，当然のことながら「関係性」を見ながら（考えながら）支援を行っていく必要がある。

　ブリーフセラピーとは，まさしく「関係性」を重視する支援なのである。学問的に定義すると「ミルトン・エリクソン由来の心理療法」とされており[2]（ミルトン・エリクソンは精神科医であり，心理学者でもある），そのなかにはエリクソニアン・アプローチ，システムズアプローチ，解決志向アプローチ，ナラティヴ・アプローチ，オープンダイアローグ，認知行動療法，エリクソン催眠，NLP（神経言語プログラミング），条件反射制御法，EMDR，動作療法，TFTとEFTといったさまざまなアプローチが含まれる[3]。その名に「ブリーフ：Brief」（「短期間の」という意）と冠しているように，効率的に支援を実践することを重視する（効率よく行えば，結果的に支援に要する期間は短くなる）というのがこれらのアプローチの共通点といえるだろうが，それ以外にも「人格の内面や無意識についてそのありようを理解していくというよりも，クライエントと周囲の人間の関係性や置かれた状況，環境，文脈によって理解していく[2]」点でも共通している。

　ブリーフセラピーという言葉が初めて用いられたのは，アメリカの研究機関Mental Research Institute（メンタル・リサーチ・インスティチュート）にBrief Therapy Center（ブリーフセラピー・センター）が設立された1967年のことである[4]。このブリーフセラピー・センターのアプローチは，「問題」がなぜ生じたのかという「問題発生モデル」ではなく，その「問題」がどのようにして続いているのかという「問題維持モデル」で考える[5]。筆者の経験で恐縮だが，肩から背中と腰，さらには太ももに至るまでの広い範囲に慢性的

図0-3 「問題維持モデル」による考え方

な痛みが生じて仕事に行けなくなり，ほとんど一日中横になって過ごしていたため入院することになり，妻から「入院してもよくならないなら離婚する」と言われていた男性に対し，「離婚を避けるために，奥さんがお見舞いに来たときはよくなったフリをして動けるところを見せましょう」と提案し，この男性が実際にそのように行動したところ2週間後には痛みがほぼ消失した，という事例がある。このとき筆者は，なぜ痛みが生じているのかということではなく（実際このような慢性的な痛みの場合，明確な原因がわからないことも少なくない），痛みという問題がどのように維持されているかに着目した。すると，図0-3のようなことが考えられた。

　この男性は痛みがあるので横になって動かないようにしているが，残念なことにそれでは痛みは軽減せず持続している。すなわち，横になって動かないようにするという解決に向けた行動が，痛みという問題を維持させるという悪循環が生じてしまっている，と考えたのである。そこで，この解決に向けた行動（ブリーフセラピーではこれを「偽解決」と呼ぶ）をやめて，よくなったフリをして動けるところを妻に見せるという新たな行動をとるようになったことでこの悪循環は断ち切られ，痛みの軽減につながったというわけである（痛みによって筋肉が緊張し，その緊張した筋肉が筋肉のなかを通る血管を圧迫して血行が悪くなり，それによって痛みを引き起こす物質が発生していたのが，からだを動かすことで筋肉の緊張がほぐれて痛みが軽減した，ということも影響したと考えらえる）。

　このようなブリーフセラピー・センターのモデルは，のちにシステム論に基づく家族療法（システムズアプローチ）や解決志向アプローチなどのブリ

ーフセラピーのさまざまなアプローチに多大な影響を及ぼした。そして，この考え方では，「問題」とそれに対する「偽解決」の関係性，相互作用を見ていることは言うまでもなかろう。

思春期のこころとからだの問題とブリーフセラピーの実際

　筆者は大学院生だった20代前半の頃に本格的に臨床心理学を学び実践し始めたのだが，以来ずっとこのブリーフセラピー（や家族療法）を自身の学びと実践の中心に据えてきた。そして大学院を修了後，心身医療というまさしく「こころとからだの問題」の支援を行う現場に身を置き，細々とではあるが臨床活動に従事してきた（大学に籍を置き，公認心理師・臨床心理士を目指す学生の教育を仕事の中心としている現在も，わずかではあるが心身医療に携わっている）。そのなかで，人やものごとの「関係性」を重視することの有用性を強く実感し，これまでに患者とその家族の関係性にアプローチした事例[6]や患者と医療従事者の関係性にアプローチした事例[7]，その両方にアプローチした事例[8]を報告したり，こころとからだの関係性にアプローチする際の具体的な手法を紹介したりしてきた[9]。

　このたび，さまざまな「関係性」が変化する時期であり，それに伴ってさまざまな心身の不調が生じることがめずらしくない時期である思春期の人々を対象とした臨床実践を行っている仲間に声をかけさせていただき（共通項は，ブリーフセラピーを学び実践していること），快くご賛同いただいた方々とともにその多彩な実践を本書にまとめることとした（「思春期」を定義するのは容易ではないが，本書ではより多様な臨床現場で活用していただくことを願って，下は小学6年生から上は高校生までとした）。

　次章以降に並ぶブリーフセラピストの実践の数々が，読者のみなさまの今後の支援サービスの向上に寄与することを願いつつ，本章を閉じることとする（本番はここから，どうか本書は閉じぬようにお願いしたい）。

［文　献］

（1）石川俊男「ストレスの概念と歴史」久保千春編『心身医学標準テキスト［第3版］』24-29頁，医学書院，2009年

（2）坂本真佐哉「ブリーフセラピーとは？」日本ブリーフサイコセラピー学会編『ブリーフセラピー入門―柔軟で効果的なアプローチに向けて』13-21頁，遠見書房，2020年

（3）日本ブリーフサイコセラピー学会編『ブリーフセラピー入門―柔軟で効果的なアプローチに向けて』遠見書房，2020年

（4）リチャード・フィッシュ，ウェンデル・A・レイ，カリーン・シュランガー編（小森康永監訳）『解決が問題である―MRIブリーフセラピー・センターセレクション』金剛出版，2011年

（5）木場律志「心理療法―ブリーフセラピー」大武陽一編『そのとき心療内科医ならこう考える―非専門医でもできる心療内科的診療術』金芳堂，印刷中

（6）木場律志「家族のチカラが『心身症』を治す―心身症診療での逆転」坂本真佐哉編『逆転の家族面接』98-114頁，日本評論社，2017年

（7）福永幹彦，木場律志，町田英世「心療内科―単独で，あるいはコーディネーターとして」『家族療法研究』32巻3号，247-252頁，2015年

（8）木場律志「みんなのコラボレーションで治す摂食障害―心療内科病棟におけるシステムズアプローチ」赤津玲子，田中究，木場律志編『みんなのシステム論―対人援助のためのコラボレーション入門』58-72頁，日本評論社，2019年

（9）木場律志「『ストレス解消』言説に対するブリーフセラピー」『ブリーフサイコセラピー研究』29巻2号，100-101頁，2021年

第1部
学校編

Educational Field

第1章

頭痛と吐き気で教室にいることが難しい

Shida Nozomu

志田　望

はじめに

　学校現場で子どもたちが訴える身体症状は，個人の生理・心理的な枠組み
を超え，その対応をめぐって関係者にさまざまな影響を与える。身体症状へ
の対応が功を奏さず問題が持続する場合，他の問題への発展や，関係者間の
相互作用の膠着など，事態の複雑化を招くこともしばしばある。

　システムズアプローチは，そういった対人関係の相互作用を扱うアプロー
チであり，多様な問題への対処が可能な方法論である。そして，学校現場で
必須の多職種協働にも応用されている。

　本章では，システムズアプローチを実践するスクールカウンセラー（SC）
の立場より，学校現場から心療内科へのリファーが困難だった思春期心身症
への対応について述べ，関係者間の相互作用を扱う際の留意点を考察する。

　なお，以下は複数の事例を組み合わせ，支援の要点が歪まない程度に内容
を改変したものである。

事例の概要

　X年10月，教育相談担当のU先生より，SCへ相談の依頼があった。来談
者は，高校2年生の女子，Aさん。Aさんの訴えは，教室で特定の女子生徒
に悪口を言われており，教室にいると頭痛と吐き気が出る，というもので，
部活でのトラブルをきっかけに問題が始まった。担任はいじめ案件として悪

口の指導を提案したがＡさんが断ったため，悪口の真偽の確認も含め，保留中である。Ａさんと母親の強い希望で，別室登校や保健室を利用しながら，できるだけ教室に入るよう努力しているが，体調が安定せず，早退や欠席を繰り返している。

　身体症状については，すでにかかりつけの内科を受診したが，異常が見つからず「思春期特有のストレス」とされ，心療内科を紹介された。しかし，母親が心療内科に反対しており，受診には至っておらず，学校側はこれ以上打つ手がない。担任曰く，母親は不安定なところがあり，Ａさんも似た面があるのかもしれないとのこと。学校側は，ＡさんにSCとの面談を勧め，一応の了承を得たとのことだった。

初回面接

（1）面接の経過

　約束の時間通りに，Ａさんが来室した。Ａさんは笑いながら歯切れよく話す子だった。SCが挨拶し，やりとりが始まった。

```
SC　　：緊張しない？
Ａさん：いや，全然（笑）。
SC　　：あらそう。よかった。先生からは，ここのことはどう聞いてる？
Ａさん：なんかとにかく気持ち？　整理するために行ってみたらって。正
　　　　直，しゃべっても意味あるんかなって思ったけど（笑）。
SC　　：正直だね（笑）。こっちが緊張してきた。だいたいは先生から聞
　　　　いてるんだけど，改めてどんな状況か聞いてもいい？
```

　Ａさんは，バドミントン部のマネージャーであるが，夏休み明けの９月，ひどい頭痛と吐き気が理由で，しばらく学校と部活を休んだ。きっかけは，後輩の１年生のマネージャーの働きが悪く，そのことについてＡさんが８月末の他校試合の帰りに説教をしたところ後輩に泣かれてしまったという出来

事だった。仲裁に入った同級生に「言い方がキツすぎる」と言われ，Aさんはその場で「言いすぎた」と謝罪したが，帰宅後「部活ができるのは誰のおかげなんだ」との思いで大泣きしてしまった。まもなく新学期がスタートしたが，部活のことを考えると頭痛と吐き気がひどくなり，登校できなくなった。

　担任は家庭訪問をしたり部活顧問と連絡をとるなど熱心に対応してくれ，仲裁に入った同級生がAさんを心配していることが判明したため，部活顧問の計らいで，Aさんとその同級生とで話し合い，和解した。

　その後，Aさんは部活に復帰したが，教室で同級生（和解した子の友だち）が自分の悪口を言っているのを聞き，再び頭痛と吐き気がひどくなり，授業を抜けるようになった。

　それ以降の経緯については，U先生から聞いた情報とほぼ同じ内容が語られた。同級生の悪口に関しては「先生に指導してもらっても，余計に悪く言われたり，最悪，部活での立場が悪化する」と考えている。中学時代にいじめを受けたことがあり，当時の担任に相談した際，断りなくいじめた側に指導をされ事態が悪化したことがあったため，慎重になっているという。

　母親は，部活の件も悪口の件も知っている。学校については，「這ってでも行きなさい」と言うときもあれば，「今日は休んだら？」と言ってくるときもある。母親は保育士をしているが，今年5月から調子を崩し，3ヵ月間の休職後，9月に復帰したばかりである。母親はもともと感情の浮き沈みがあったが，5月からあまりにも調子が悪化したため，Aさんが説得して心療内科を受診させ，うつと診断された。母親は頑張りすぎるところがあり，いつもAさんが仕事のグチを聞いている。

　SCは，Aさんの母親への対応をねぎらったうえで，「お母さんに対応するのはあなたが中心になっているようだが，何か事情があるのか？」と質問した。すると，Aさんはより饒舌になり，父親がいかに「家事や育児に対して関心のない無責任なポンコツ」であるかを，笑いながら吐き捨てるように語った。父親は単身赴任をしており，月に数回帰宅した際，Aさんにも機嫌をとるように話しかけてくるが，「ウザいから適当にスルーしているし，もう

ATMとしか思っていない」とのこと。5月に母親が不調だった際も父親に訴えたが，黙っているだけで何も動く様子がなかったので，自分で動くしかなかったという。

　Aさんは3人兄妹の真ん中で，上に大学生の兄，下に中学生の妹がいる。兄は時々しか家に帰ってこず，家事については戦力外。妹は「絶賛反抗期」で，Aさんと母親は手を焼いている。兄妹がアテにならないため，Aさんと母親でほとんどの家事を回している。妹の家事は兄よりマシだが，手際が悪い。どんくさい作業を見ているとイライラしてくるが，妹に指示をするとすねてやらなくなるので，結局自分でやることが多い。さらに，2世帯で同居している父方祖父母が母親に対して厳しく，自分が母親の嫁姑問題の相談役にもなっている……等々。

　SCは，思わず「それは大変」と返したが，Aさんは「別に，小学生の頃からこんな状況だし，もう慣れた」と笑った。SCは，Aさんへの漠然とした共感的コメントを後悔したが，面接時間は終了間際に迫っていた。

　SC　　：慣れたって言うけど，結構大変だと思うなあ。
　Aさん：まあ，大変かもしれないけど，しょうがないしね。
　SC　　：うーん，これといった案を出せなくて面目ない。だけど，やっぱり心配だし，学校の先生たちと君のサポートについて考えたいから，今度もう一度話を聞かせてくれない？
　Aさん：全然いいけど，話しても解決しないと思うよ。

　その後，SCが面接内容の情報共有について尋ねると，Aさんは「先生には全部しゃべってるし，何を言ってくれても大丈夫」と語った。

（2）U先生，担任との情報共有

　面接終了後，SCはU先生と担任へ面接の詳細を報告した。すると，担任から以下の情報が語られた。

・Aさんが訴える「悪口」について，加害者とされる子は，とても悪口を言うようには見えない。Aさんの被害妄想ではないかと考えているが，当然そんな指摘はできない。

・母親とは，何度か家庭訪問で話したことがある。母親は「Aさんがストレスでしんどいのはわかるが，心療内科に行くと薬を勧められるから，連れていきたくない」と言っている。また，担任は母親から直接「自分もうつで休職していた」と聞いたが，笑顔でハキハキと話す方だったので，「うつ」という情報とはギャップがあった。

・今年6月，バドミントン部の顧問が急病で倒れた。新しい顧問の先生とAさんの関係は悪くないが，Aさんは前の顧問と仲良しだったので，ショックだったのかもしれない。

　U先生と担任は，Aさんは近年耳にする「ヤングケアラー」なのかどうかと，SCの意見を聞いてきた。SCは，「そうかもしれない」と曖昧な返事をしたが，仮に「ヤングケアラー」だとして，学校側としても家庭内の事情にどこまで踏み入るべきか判断がつかず，方針が定まらないまま会議は終了となった。

（3）SCの振り返り

　SCは，歯切れの悪い自分自身に辟易していた。振り返ると，「同級生からの悪口」「心療内科の受診ができないこと」「母親のうつ」「無責任な父親」「嫁姑問題」「ヤングケアラー」などの枠組みにとらわれており，実際に何が起きているのか理解できずにいた。

　SCは面接を振り返り，関係者の相互作用について，以下のように情報を整理した。

①「悪口」や「身体症状」に関する相互作用

　Aさん：担任に「悪口」について訴える⇒担任：指導を提案⇒Aさん：拒否，身体症状を訴える⇒担任：母親と情報共有⇒母親：担任へ笑って対応⇒

Ａさん：母親に悪口や身体症状について説明⇒母親：理解を示す⇒Ａさん：母親に心療内科受診を勧める⇒母親：断る

②「ヤングケアラー？」の相互作用
Ａさん：率先して家事を行う⇒妹：手伝う⇒Ａさん：妹に指示⇒妹：やらなくなる⇒Ａさん：自分で処理する⇒母親：Ａさんにグチを言う⇒Ａさん：母親の話を聞く……⇒Ａさん：身体症状を訴える⇒母親：「休んだら？」or「這ってでも行きなさい」

③ＡさんとSCの相互作用
Ａさん：「家庭の事情」についてコメント⇒SC：質問する⇒Ａさん：笑いながら語る⇒SC：共感的コメント⇒Ａさん：「慣れた」と笑って返答

また，問題が発生した９月前後の状況を整理すると，６月に部活の顧問が倒れるなど，偶発的な出来事が続いていることがわかった。
SCは，③とは異なるやりとりにならない限り，新たな可能性は生まれないだろうと考え，次回面接に臨んだ。

第２回面接

（１）面接の経過
　１週間後，Ａさんは予定通りの時間に相談室に現れた。とくに変化はないとのこと。SCは，再度状況を確認させてほしいと伝え，質問を開始した。

　SC　　：部活，最近はどう？
　Ａさん：相変わらず後輩がダメダメなんだけど，我慢してる。
　SC　　：あら，どうダメダメなの？
　Ａさん：えー，全部（笑）。
　SC　　：全部じゃわからん（笑）。たとえば？

Ａさん：うーん，たとえば，ノックでシャトルが体育館の床に散らばった
　　　　　ときに，１個１個拾ってるんですよ。ホント遅い。

SC　　：ふーん。ごめん，怒られるかもだけど，僕，インドアでバドのこ
　　　　　と全然知らないんです。それってどうダメなの？

Ａさん：いや，１個１個拾ってたら効率悪いから，たまってきたらモップ
　　　　　でシューってやればすぐ終わるのにって。

SC　　：へー，面白い。そういうワザがあるんだ。

Ａさん：そうそう。でも，私がずっとやってるの，見たらわかるやろって。

SC　　：なるほどー，じゃあ……イラ（巻き舌）ッッッッとするの？

Ａさん：そう！　もーいい加減にしろ！　って（笑）。

SC　　：おー怖っ（笑）。そんなときどうするの？　バシッと一発カマす
　　　　　の？

Ａさん：いや，そりゃ言いたいけど，あんまり強く言ったら前みたいにな
　　　　　るから，「もっと考えてやりな」ってヒント出すけど，変わらな
　　　　　い。シャトルは１つの例で，まだまだたくさんダメなとこがある。
　　　　　全体を見て動かないと仕事が終わらないから，結局私がやっちゃ
　　　　　うんだけど……。

　SCは話を聞きながら，②「ヤングケアラー？」の相互作用と似た動き方
だと感じた。つまり，部内での後輩との相互作用と，家での妹との相互作用
が同様のコンテクストになっていると考えた。

　その後，SCはＡさんから後輩のグチを聞きつつ，マネージャー業の工夫
について質問し，興味と驚きを示し続けた。そのなかで，後輩は過去に運動
部にいた経験がないことや，部のメンバーがＡさんの仕事に気づいてくれな
いイライラなどの話が飛び出した。話にひとしきり花が咲いた後，SCは
「そういう作業が得意なのは昔から？」と尋ねた。

　Ａさんによると，彼女は中学でもバドミントン部だったが，途中でケガを
してしまい，３年生からマネージャーに転向した。しかし，マネージャーの
仕事は意外とやりがいがあることに気づき，負けず嫌いな性格と周りから頼

られたこともあってガムシャラに働き，顧問から「バド部の千手観音」と言われていた。SCは，その内容に興味を示し，昔話で盛り上がった。

　高校でもバドミントン部に入部し，１年生のときは，頼れる先輩のマネージャーたちに可愛がられ，周りからも仕事ぶりについて感謝され，充実した日々を過ごしていた。１年生の後半には３年生が引退し，寂しかったが，先輩が退部する際に「あんたに部活を任せた」と言われたため，より気を引き締めた。２年生になってしばらくは，新３年生の先輩や好きな顧問の先生もいたので，楽しかった。しかし，５月に母親の心療内科の件があり，６月に信頼を置いていた顧問が倒れ，大混乱だった。そして，８月の試合後の３年生の引退で「自分が部活を引っ張っていかねば」と思った矢先に，８月末に後輩の件でトラブルになった，という顛末だった。

SC　　　：いやー，この半年，よく生き残ったねぇ。

Ａさん：たしかに。話してて思ったけど，ほんとにいろいろあった。私，大変だったのかも？

SC　　　：頼れる先輩と顧問がいなくなったり，お母さんのこととか後輩の育成と周囲からの誤解の対応が重なったら，そら誰でもアタマ痛くなるわね。

Ａさん：たしかに，それはそうかも。

SC　　　：頭痛はあなたの成長痛かもしれないねぇ。そうだそうだ，あと，「千手観音」の話，あったでしょ？　さっきの話，ほんとやるなあと思って。

Ａさん：そうかなあ，それぐらい当たり前だと思うんですけど（少し笑う）。

SC　　　：そう，その当たり前なんだけど，さっきも後輩にバチバチにキレてたねぇ（笑）。

Ａさん：うん（笑）。

SC　　　：言いすぎだったら悪いけど，自分の得意技を他人ができないと腹が立つのは，「仕事人あるある」だよ。

Ａさん：そうなの？

SC　　：うん。後輩からすると，君の指導はレベルが高くて，ビビッてる
　　　　んだと思う。「千手観音」と「二手人間」じゃ，全然手数が違う。

Ａさん：たしかに。

SC　　：「千手観音」は，あなたの長所でもあるけど，やりすぎて倒れな
　　　　いか心配だね。せめて「九百九十手観音」と「十二手人間」ぐら
　　　　いにして，後輩に動いてもらわんと。

　その後の話し合いで，Ａさんは後輩に対して「考えなさい」の代わりに具
体的な指示を出すこと，今回聞き取った内容について顧問と共有することを
決めた。部活の話が一段落した面接の終盤，Ａさんは，母親から学校のこと
を言われるのがきついとこぼした。しかしSCは，それについてねぎらうこ
としかできず，面接終了となった。

（2）U先生，担任，部活顧問との情報共有

　SCは，U先生に依頼し，部活の顧問に情報共有に参加してもらった。SC
が「後輩と千手観音」について話すと，顧問は「たしかに，いつも彼女は急
いで動き回っていて，おせっかいというか，選手が自分でやるべきことまで
やってあげようとする」と語った。SCが「この半年でさまざまな出来事が
続き，仕事の線引きが混乱している可能性がある」と伝えると，顧問は「後
輩への具体的指示に加えて，仕事の仕方についてＡさんと話し合う。イラつ
きについても，話を聞いてガス抜きをする」と応じてくれた。

　担任も，「Ａさんはちょっとした作業の手伝いを積極的に買って出てくれ
ることが多いから，今は無理しないように抑える」と申し出てくれたので，
SCは「ぜひに」とお願いをした。

第3回面接

(1) 面接の経過

　1週間後，Aさんは，少し明るい顔色で来談した。前よりも授業に入れていること，部活の顧問にいろいろ話を聞いてもらったことを報告してくれた。後輩については，まだダメダメだけど，具体的に言ったら多少やってくれる場面があったという。SCは，後輩への対応を称賛しつつ会話を続けた。しかし，しばらくすると，Aさんは「教室の悪口と身体症状」に加え，「最近職場に復帰した母親の調子の浮き沈み」について語り始めた。

　SCは，「母親のうつ」という枠組みが示すAさんと母親の相互作用について，明確にすることを考えた。

　　SC　　：あなたから見て，お母さんの調子のレベルは，何段階ぐらいあるの？
　　Aさん：え，どういうこと？　信号機みたいな？
　　SC　　：そうそう，今は青だとか，赤だとか，そういう違い。
　　Aさん：そうだなー，3，いや，4段階はあるな。
　　SC　　：おお，そんなに細かい違いがあるの？　お母さんのことよく見てるなあ。その4段階の区別は，どのあたりからわかるの？

　Aさんによると，第1段階は，調子が良いときで，一緒にドラマを見たり，笑いながら冗談を言い合ったりしている。母親はユーモアのある性格で，もともとそういった状態が普通だった。第2段階は，仕事や祖父母のグチが増え，第3段階になると，イライラしだして，学校のことについて細かく言ってくる。第4段階は，必要最低限の家事だけやって，すぐに自室で寝る，という状態である。

　SCは，それぞれの段階ごとのAさんの母親への気遣いや，対応の工夫などを聞き取りながら話題を広げた。するとAさんは，「最近は，家に帰ると毎日お母さんから『今日はどれぐらい教室に入れたの？』って確認されて，

答えるのがしんどい。だけど，私を心配している気持ちもわかるから，何も言えない」と語った。そして「お母さんのことを心配してくれる人が周りに誰もいない」と真顔で語った。

　SCは，保護者もスクールカウンセリングを使えることを伝えたが，Aさんは「お母さんは，こういうこころの相談みたいなのには絶対来ないと思う。心療内科に行かせるのもすごく苦労したし」と話した。SCが「お母さんは外で人と話すとき，自分からグチなどを言うタイプではない？」と確認すると，Aさんは「絶対そう。外では，いつも明るく振る舞っている」と語った。

　面接時間の終了が迫った。SCはAさんから「母親の様子」と「毎日教室に入れたかを確認されるのがしんどいこと」を先生たちと共有する許可を得た。そして，Aさんのこれまでの母親への対応をねぎらい，「お母さんのサポートについて，学校の先生と相談させてほしい。千手観音の手を一本，僕たちに預けておいてほしい」と伝えた。Aさんは，少し苦笑いした後，真顔でうなずいた。

（2）SCの振り返り

　初回面接の①，②の仮説と，第3回面接の情報を統合し，以下のような仮説を立てた。

　Aさん：担任に「悪口」について訴える⇒担任：指導を提案⇒Aさん：拒否，身体症状を訴える⇒担任：母親と情報共有⇒母親：担任へ笑って対応⇒Aさん：母親に悪口や身体症状について説明⇒母親：理解を示す⇒Aさん：母親に心療内科受診を勧める⇒母親：断る⇒Aさん：帰宅する⇒母親：Aさんに教室に入った時数を確認⇒Aさん：「しんどいが，答える」⇒Aさんと母親：笑いながら冗談を言い合う⇒母親：Aさんへグチを言う⇒Aさん：母親の話を聞く……

　SCは，上記の下線部の相互作用に介入する計画を立て，情報共有に臨んだ。

（3）U先生，担任との情報共有

　SCは，担任と顧問の対応が，Aさんの負荷の軽減につながり，身体症状も軽減しているようだと伝えた。そして，「母親による教室に入った時数の確認」をAさんが負担に感じていることを伝え，以下のように提案した。

- ・Aさんは，母親へのサポートと，母親からの登校への期待で板挟みになっている状態かもしれない。
- ・母親もうつ状態と聞いているので，焦りやしんどさのなかでAさんに精一杯対応しているはずで，教室に関する確認もその1つだと考えられる。ただ，その確認を直接的にやめるよう依頼すると，母親にとっては，「否定された」と感じられる可能性がある。
- ・以前，母親が担任に笑いながらうつの話をしていたことについては，母親も担任に自分の状況を知ってほしいが，気を遣い，チグハグな反応になった可能性がある。
- ・担任が次回家庭訪問をしたとき，母親の調子や仕事の忙しさに関してあえて心配しながら質問し，母親が話してくれるようであれば，ねぎらいながら話を聞いた後，Aさんに対する教室に関する確認をストップするよう依頼してほしい。その際，あくまで大変な状況にいる母親の確認作業を学校が代行するという文脈で，直接的に母親がAさんに確認せずにすむかたちを提案してほしい。

　Aさんの「ヤングケアラー」対策として，U先生と担任は快く引き受けてくれた。担任は，教室に入る回数を段階的に増やしていく計画を明確に伝えたり，学校から母親に定期的に電話で連絡するなど，具体的なプランを立ててくれた。また，U先生は，親類縁者に保育士をしている人がいるとのことで，いかに大変な仕事かを担任に情報提供し，担任のサポートにあたると言ってくれた。

その後の経過

　後日，U先生より，担任がうまく母親に話をしてくれ，確認をやめてくれたこと，母親より苦労話を聞き，家庭の事情もよくわかったことが報告された。Aさんも，母親の話を聞いてくれた担任をより信頼した様子であった。

　Aさんは，同級生に課外学習の班に誘われたことがきっかけで，同級生との交流が増えた。悪口の件の同級生との会話も生まれ，教室に完全に復帰を果たした。その後のSCのフォローアップで，Aさんは身体症状と多忙さとの関係がわかってきたと語り，手の抜き方や，周りの頼り方などについて話し合った。その後は，多少の困難はあれど，Aさんと学校側が話し合って解決し，SCとの面接は自然になくなっていった。

　Aさんはバドミントン部のマネージャーを勤め上げ，卒業後は希望する進路に進んでいった。

考　察

（1）SCとAさんの相互作用の変化と諸要因

　本事例の初回面接において，Aさんの話題へのSCの共感的対応は，Aさんにとって役立つものではないようだった。SCとAさんの治療システムがそのようにパターン化することは，支援の膠着・中断につながる可能性が考えられた。

　古典的にも，心身症とされる人に対する傾聴や質問のみの効果は疑問視されている。西園は，それを踏まえたうえで心身症への対応について「情緒性応答を治療状況でつくりだせるかどうかにその成果がかかっている」と述べ，治療者がユーモアや誇張表現などを用いて過去の出来事に関する感情的色づけを行う態度の重要性を指摘している。これは，心身症を示す思春期の子どもたちへの対応に関しても有用なガイドラインの1つであると考え，西園の指摘にシステムズアプローチの視点を交え考察する。

　本事例のSCは，治療システムのパターンを変えるために「Aさんの後輩

への対応」という話題を具体化するなかで，冗談とからかいを交えつつＡさんの「怒り」の枠組みを活性化させるような対応を行った。そして，治療システム内の相互作用を「仕事人あるある」というＡさんの個人特性として枠づけ，Ａさんの行動変容を要求する介入を行った。

　この場合の留意点としては，Ａさんの反応を常に参照することに加え，Ａさんの周囲への攻撃性の増加の予測とその対処をセットで介入計画に組み入れておくことである。心身症とされる人の対応においては，「症状の改善」と「周囲への攻撃的な反応の増加」が連動する過程をしばしば経験する。とくに，本事例のように攻撃行動が問題発生の経緯にかかわっていたり，攻撃が後輩など立場の弱い生徒に向いて二次的な不適応を引き起こす可能性がある場合は，リスクへの対処が治療者の重要な責任である。何より，支援過程で生じ得るトラブルで，Ａさんがもとの抑制的なパターンに逆戻りすることを防がなければならない。本事例では，Ａさんへの抑制と代替策の話し合い，顧問など関係者への対応を依頼したが，「怒り」という枠組みを扱う場合は，状況に応じた関係者への調整が重要となる。

（2）介入対象の相互作用の判断

　一般的に心身症については，心理社会的ストレスが身体症状悪化の要因とされる[(5)]。しかし，「ストレスが身体症状を悪化させる」という枠組みは，しばしば「身体症状の改善にはストレス要因を除去すればよい」という直線的な発想につながりやすい。もちろんそれで解決する状況ならよいが，学校現場で出会う心身症は，すでに「ストレス」を除去しようとする関係者の試みの末に形成された相互作用の一部であることが多い。本事例でSCが巻き込まれたような「悪口」や「家族」に関する話題が示す相互作用も，その一例である。また，近年しばしば耳にする「ヤングケアラー」も，「Ａさんが家族の対応という負荷を担っている」という，日常生活のなかに無数にある相互作用のごく一部分を強調する直線的な枠組みとして機能し，SCをはじめとする支援関係者の視野を狭めていた。

　システムズアプローチの実践においては，問題を維持する相互作用のなか

で，どの部分を扱うかの判断が重要となる。本事例で重要な役割を果たしたのは，①Ａさんの話題を具体化し行動レベルの相互作用を聞き取ること[6]と，②ある相互作用と問題とされる相互作用のコンテクストとの類似性を見出すこと，つまり「金太郎飴」の視点[7]であった。「金太郎飴」は，ある場面の変化が似た場面の変化に波及するシステム論の認識を根拠としており，膠着した相互作用から変化の糸口を見つけるために有用な考え方である。

　①については，ａ「Ａさんの後輩への対応」（第２回面接）と，ｂ「母親の浮き沈み」（第３回面接）という枠組みが示す具体的な相互作用を聞き取り，②については，ａ「Ａさんが自分の意向を抑えながら後輩または妹にかかわる場面」と，ｂ「母親が笑いながらＡさんまたは担任とかかわる場面」の相互作用をパターンとして仮説化し，それぞれ介入の切り口とした。そしてこれらの視点は，あくまでも来談者のニーズや期待から外れない範囲で用いることが重要である。

［文　献］
（1）中野真也，吉川悟『システムズアプローチ入門―人間関係を扱うアプローチのコミュニケーションの読み解き方』ナカニシヤ出版，2017年
（2）赤津玲子，田中究，木場律志『みんなのシステム論―対人援助のためのコラボレーション入門』日本評論社，2019年
（3）Sifneos, P.E.: Problems of psychotherapy of patients with alexithymic characteristics and physical disease. *Psychother Psychosom* 26 (2): 65-70, 1975.
（4）西園昌久「アレキシシミア再考」『心身医学』31巻1号，9-15頁，1991年
（5）守口善也「心身症とアレキシサイミア―情動認知と身体性の関連の観点から」『心理学評論』57巻1号，77-92頁，2014年
（6）吉川悟「ことばになりきらない相互作用を見立てるために」『家族療法研究』18巻2号，162-167頁，2001年
（7）吉川悟「家族療法からシステムズアプローチの発展に潰かる」『家族療法研究』25巻2号，37-47頁，2008年

第 2 章

髪の毛を抜いてしまう

Hosawa Naoko
法澤直子

はじめに

スクールカウンセラー（SC）をしていると，自分の毛を自分で抜く癖（抜毛）をもつ子どもたちと時折出会う。この章では，抜毛に関する架空の事例を時系列に沿って7つの場面に分け，場面ごとにブリーフセラピー的な見立て方と介入のポイントを解説していきたい。

事例の概要

Aさん，小学6年生，女子。母子家庭で2人暮らし。母親の帰宅は毎日20時頃。Aさんは学校から帰宅した後，任せられた家事をこなしながら，自宅で母親を待つのが日課である。

ある日，SCは職員室で，Aさんの担任から茶封筒を渡された。

場面①　茶封筒

職員室でのやりとり

担任：（茶封筒を差し出しながら）これ，ちょっと中身を見てほしいんですけど。

SC　：ん？　札束ですか？　いや，それにしてはフワフワだな。（恐る恐る中身を確認する）

担任：髪の毛です。

SC　：えー！（部分ウィッグくらいの量の髪の毛を確認し）こんなにたくさん！

担任：ここ最近，教室に長い髪の毛がたくさん落ちていて。拾って集めておいたんです。

SC　：よくこんなに集めましたね。これ，誰の髪の毛か判明しているんですか？

担任：はい。うちのクラスのＡさんのものです。

SC　：どうやってＡさんのものだとわかったんですか？

担任：自分の髪の毛を抜いている子がいるのかもしれないと思って，授業中や休み時間に目を光らせていたんです。そしたら，Ａさんが自分の髪の毛を抜いてそのへんにポイっと捨てる場面を何度か目撃して，これは間違いないと。

SC　：そうだったんですね。Ａさんに直接確認したんですか？

担任：しました。自分でもやっていると認めました。理由も聞いたんですけど，そのときは，自分でもよくわからないって言っていました。はっきりした原因がわかれば対策もできると思うのですが。

SC　：そうですか。保護者もこのことは知っているんですか？

担任：見つけたときは必ず電話で伝えています。家でも同じような行動があるらしく，「またやっていたんですね，家でも注意しておきます」と協力的です。

SC　：そうですか。先生はＡさん本人にはどんな話を？

担任：「抜いちゃダメ，ハゲちゃうよ」って。そしたら，「お母さんにも同じこと言われる」って。実際に頭のてっぺんが薄いんですよ。ちょっと心配なので，カウンセリングにつないでもいいでしょうか。担任としては，はっきりした原因が知りたくて。

SC　：ええ，わかりました，ぜひ。

場面①の解説

　SCはここで初めてＡさんのことを聞いた。担任との会話のなかからさまざまな情報を収集し，Ａさん，またＡさんの抜毛行為をとりまくシステム（関係する人物，それぞれの認知や行動，影響の及ぼし合い方など）を確認している。この時点で，担任と母親はこの抜毛行為をいわゆる「問題」と捉えておりそれを共有していること，担任と母親は同じテンションでＡさんの抜毛行為を心配していること，やめさせたいという思いから両者ともその行為を見つけるとＡさんを注意していることがわかる。しかしこれはあくまで担任との会話で確認されたことであり，実際の母親の対応や，Ａさんが自身の抜毛行為をどう捉えているかなどについては確認できない。

　また，『学校での抜毛行為⇒Ａさんは担任から注意を受ける⇒担任が母親に電話⇒母親からも注意を受ける』というシステムが存在していることが想像できる。このシステムが変われば，何かしらの変化は起きそうだな，などと，SCはぼんやりうっすら見立てている。ちなみに筆者はケースを見立てるとき，見立ての変更に柔軟に対応するために，“ぼんやりうっすら”という感覚を非常に大切にしている。

　この会話のなかでSCがもう１点やっていることがある。それは，担任との立ち位置や距離感の調整である。SCは，担任がこのケースをSCに丸投げしたり，SCに対して過度に依存的になることを避けたい。担任の心配や願望（Ａさんの抜毛をやめさせたい）にある程度寄り添うが，見立てや対応のポイントを伝えることをあえてしていないのは，その調整のためである。まだ全体像がつかめていない段階では，緊急性がない限りはアップポジションに立たないことを意識し，関係性を固定化させないように会話を運ぶ。

　またSCは，担任から２回発せられた「はっきりした原因」という言葉が気になっている。今日のところはうまく扱えないまま終わってしまったが，次回以降も担任から繰り返されるようであればこちらが扱わないという選択肢はないな，などと，“ぼんやりうっすら”考えている。

場面②　Aさんとの初回面談

相談室でのやりとり

SC 　　：はじめまして。今日は誰からこの面談に行くように言われた？

Aさん：担任の先生とお母さんから言われました。私，髪の毛を自分で抜いちゃう癖があって，その相談をしてきなさいって。カウンセラーの先生にも話はしてあるからって。

SC 　　：そっか。髪の毛を抜く癖があるってことはあらかじめ聞いてるんだけど，どのへんを抜いちゃうの？

Aさん：（頭頂部を指しながら）ここです。抜いたらダメだと思うけどやめられないんです。

SC 　　：それはいつ頃から？

Aさん：1年くらい前からかな。ひどくなったのはここ最近です。

SC 　　：抜いてるときってどんな感じなの？　抜く前とか，抜いた後とか。

Aさん：あー，抜きたくなる毛ってのがあって。

SC 　　：へー！　おもしろい。どんな毛？

Aさん：手触りがガタガタしてる，きれいじゃない髪の毛なんですけど。指先の手触りでそういう毛を探せたら「あった！」ってうれしくなって，本当にガタガタしてるかを目で確認したくて抜くんです。その答え合わせが楽しくて。

SC 　　：うわー，私が全然知らない世界だ。

Aさん：で，その抜いた髪の毛を指でしばらくコロコロ転がして，指先でガタガタを楽しむんです。

SC 　　：へー，何指で転がすの？

Aさん：親指と人差し指です。あ，でもたまに親指と中指でもやる。（指で実演してくれる）

SC 　　：なるほど。（Aさんを真似て指でコロコロしながら）それでその後は？

Aさん：しばらくすると満足してポイってそのへんに捨てちゃいます。こ

れを毎日やってます。あんまりやらない日もあるけど。

SC ：ねえねえ，今話してくれたようなこと，誰かに話したことある？

Aさん：うーん，ここまでくわしくはない。

SC ：そっか。教えてあげたいよね，髪の毛にはこんな楽しみ方もある
んだぞ〜って。

Aさん：うん！ でもわかってくれる人いるのかな？ お母さんとか先生
にやめなさいっていつも怒られてるから。

SC ：やめなさいって言われる理由は何だろうね？

Aさん：うーん，やっぱ見た目のことかな。言ってることはわかる。

SC ：まぁ，身近な人はそう言うかもね。Aさんは髪を抜くのをやめた
いの？

Aさん：うーん，半々かな。でも中学生になるまでにはやめたいかも。

SC ：あと半年あるね。一緒になんかやってみる？

Aさん：やめる方法があるんですか？

SC ：ない（笑）。

Aさん：ないのか（笑）。

SC ：どうしたらやめられるかってことを，このお部屋で何回かお話し
していく感じになるかな。

Aさん：また次もここに来れるんだったらやってみようかな。

SC ：しばらく面談を続けてみようか。1つだけ，次の面談までに宿題
を出したいんだけど。

Aさん：宿題？

SC ：そう，宿題。髪をよく抜く日と，あんまり抜かない日の違いを観
察してきてくれる？

Aさん：宿題っていうからびっくりした！ それだけ？

SC ：うん，それだけ。

Aさん：わかった。

場面②の解説

　Aさんとの初回面談。SCが何よりも優先しているのは，Aさんに次回以降の面談にも来てもらうための関係作りである。それをベースにしながら，さらにSCが何をしようとしているのかについて説明したい。

　まずは，Aさんのことを大まかに捉えるために観察や確認をしている。AさんがこのSC面談を受けるにあたり誰からどのような話があったと認識しているのか，この場で何をどのように話すのか，今の自分の状態をどのように捉えているのか，楽しそうに話すのか悲観的に話すのか，相手にわかりやすく話す力はどのくらいあるのかといったAさんの認知の傾向，知的能力，生活の様子や人物像など，できる限りのことを五感を使って確認している。クライエントのそういった側面をより端的に捉えることができれば，たとえば相手のモチベーションを刺激する際により効果的な方法を使えることにつながる。そしてコミュニケーションにズレが生まれにくくなったり，ズレても修正がすぐできるようになったりする。関係性維持という点ではこういう細かなことがポイントになる。

　またSC側からこの面談での目標を設定する話題を出しているのは，2回目以降も抜毛行為についての話題を共有しやすくするための下準備である。

場面③　担任の先生への報告

職員室でのやりとり

　担任：Aさん，どうでした？

　SC　：よく話してくれましたよ。明るい子どもさんですね。お話も上手。

　担任：そうなんですよ。明るくていい子なんですけどね。

　SC　：髪を抜くのをやめたいっていう気持ちはあるようでした。面談継続の同意が得られたので，次回までに髪を抜く日と抜かない日の違いを観察してくるように宿題を出しています。

　担任：そうなんですね。わかりました。Aさんはとにかく落ち着きがないんですよ。授業中も座ってはいますけど，常に動いてるっていうか。

椅子や机をガタガタしたり，隙あらば隣の子に話しかけたり。あとは母親が仕事で忙しくて家事をけっこう任されていて，お米炊くのと，洗濯物を畳むのと，お風呂掃除はＡさんの仕事みたいですね。

SC ：そんな感じなんですね。先生はＡさんにどんなふうに接してるんですか？

担任：自分でもよくないとは思いつつ，やっぱり叱ることが多くて。とくに周りの迷惑になっているときは。原因がわかればね〜。

SC ：原因，知りたいですよね。私はまだＡさんと１回しかお会いしてないので何とも言えないところではあるんですが，昔，予備校で清掃の仕事をしている人から，毎年受験シーズンになると教室に髪の毛がいっぱい落ちてるって聞いたことがあって。やっぱり髪を抜く行為の背景にはストレスとか緊張とかがあるのかなって気はします。先生も少し緩めることを意識して，注意しすぎず，放置もしすぎないみたいなバランスで。何かはっきりした原因がわかるまではそんな感じでどうでしょうか。

担任：たしかにそうですよね。そうしてみます。

SC ：あと，お母さんにも一度面談に来ていただきたいんですが，どう思いますか？

担任：賛成です。私からお母さんに連絡してみましょうか？

SC ：助かります。よろしくお願いします。

場面③の解説

　この時点でSCは担任に対して，Ａさんに事前に面談の目的を伝えてくれたり，みずから面談の様子を尋ねにきてくれたりといった行動から，「自分の役割を理解して動く人」という印象をもっており，丸投げや依存のリスクはおおよそ回避できそうだと判断している。

　SCが担任にＡさんへの接し方について尋ねた際，担任は「よくないとは思っている」という前置きをしつつ，「叱ることが多い」と答えた。さらに場面①同様，「はっきりした原因」という言葉も出た。担任のこれらの発言

を聞きながら、SCはより積極的な介入のタイミングがきたと判断し、「はっきりした原因」を知りたいという担任の気持ちを肯定し、予備校の清掃員の話を引用しながら助言をしている。ちなみにSCは、「はっきりした原因」について答えを出そうとしていない。「それがわかるまではとりあえず試しにこうしてみませんか？」と、助言内容が重くなりすぎないように細工をしている。

またSCは、担任に保護者面談の実施を相談し、連絡をお願いすることを通して、ダウンポジションをとろうとしている。これには、その直前の助言でSCがアップポジションに立ったぶんを調整する目的が含まれる。このように担任との立ち位置や距離感を調整しながら、引き続き役割分担ができる関係性を目指している段階である。

場面④　Aさんとの２回目の面談

相談室でのやりとり

SC　　：こないだの宿題、やってきてくれた？

Aさん：はい。違いが１個だけハッキリわかりました。私、三つ編みにしている日は髪を抜かないみたい。で、三つ編みにしていない日はよく抜いちゃう。

SC　　：そうかそうか。ナイス観察！

Aさん：三つ編みにしてるとガタガタした毛が見つけにくいから、諦めてやらないみたい。

SC　　：三つ編みは自分でやるの？

Aさん：いや、お母さんがしてくれる。自分では無理、不器用だから。

SC　　：そうなんだ。じゃあお母さんにお願いして毎朝三つ編みにしてもらうといいかもね。

Aさん：うーん、でもうちのお母さんは忙しいから。毎日頼むのは気が引ける。

SC　　：そうか、朝って忙しいもんね。

Ａさん：うん，私，お母さんのことすぐイライラさせちゃうから。

SC　　：イライラさせちゃうんだね。そうそう，担任の先生とも相談した
　　　　んだけど，私，今度お母さんとも面談しようと思ってるんだよね。
　　　　ここでＡさんと話している内容はお母さんに伝えても大丈夫？
　　　　言ってほしくないこととかある？

Ａさん：うーん，そういうのは別にないです。ここで話してることは，だ
　　　　いたいお母さんも知ってることだし。

SC　　：そうか，じゃあお母さんは忙しいから三つ編みを毎日頼むのは気
　　　　が引けるけど，割と何でも話せてて，でもイライラもさせちゃう
　　　　関係ってことね。

Ａさん：そうそう。

場面④の解説

　Ａさんとの２回目の面談では，三つ編みにしている日は髪の毛を抜かない
ようだという観察結果が報告され，その後は母親との関係性についての話題
に転じている。

　下線部に注目してほしい。毎朝三つ編みをしてもらうように頼んではどう
かというSCの提案に対し，Ａさんは「お母さんは忙しい」「毎日頼むのは気
が引ける」と２つのセンテンスで反応している。次にSCが「朝って忙しい
もんね」と一般的な朝の忙しさについて言及したところ，Ａさんは「お母さ
んのことすぐイライラさせちゃうから」と反応する。SCはこのやりとりで，
Ａさんは自分と母親の関係性について今ここで扱ってほしいのだと理解し，
次のフレーズでズレた会話を修正している。

　また，母親とはある種の緊張関係にあることがわかってきたため，SCは
近いうちに母親と面談をするかもしれないこと，そこでは母親にＡさんの面
談中の様子を伝えることになるかもしれないことを伝え，話してほしくない
ことについて確認している。このやりとりには守秘義務の観点と，SCがＡ
さんと良好な関係を維持するという観点がある。相手が子どもであっても，
第三者に面談内容を伝えることについての許可をとる作業は必須と考える。

場面⑤　母親との初回面談

相談室でのやりとり

母親：すみません，うちの子がお世話になっているみたいで。

SC　：明るいお子さんですね。よくお話ししてくれますよ。

母親：昔から元気だけが取り柄で。おしゃべりで落ち着きがないんです。
　　　あの……最初からこんな話をしていいのかわからないんですけど，
　　　実は私，正規職員で働いている仕事をパートにしようと思っていま
　　　して。やっぱりこれまで仕事，仕事で娘とかかわる時間が少なかっ
　　　たから，もう一度娘のことをちゃんと見てあげようって思って。上
　　　司にも今の状況を全部話してみたんです。そしたら，「中学生にな
　　　ったらもっと一緒の時間を作るのが難しくなるから，一緒にいてあ
　　　げるなら今のうちだよ」って。だから昨日，手続きしてきました。

SC　：そうなんですね。よく決断されましたね。

母親：先生，私，厳しい意見がほしいんです。私の対応でこうなってるこ
　　　とはわかってるから。私に厳しいことを言ってくれませんか？

SC　：厳しいことですか？

母親：はい。（涙目で）今日はその覚悟で来ました。

SC　：こういうことを言われるのに慣れていないので正直私も戸惑います
　　　が，わかりました。レベルが松・竹・梅とありますが，どれにしま
　　　しょうか？

母親：もうこんな機会もないと思うので，松で。

SC　：わかりました。では松で。いいですかお母さん，今回，仕事を正規
　　　からパートに変えたのは，お母さんの判断です。たとえ状況が好転
　　　しなかったとしても，「パートにしたのに髪の毛抜くの全然治らな
　　　いじゃん」ってAさんに恩着せがましいことを言うのは，絶対にナ
　　　シです。パートにしたのはAさんにお願いされたからではありませ
　　　ん。それを忘れないでください。

母親：（泣きながら）わかりました。目が覚めました。おっしゃる通りだと

思います。

SC ：髪を抜くか抜かないかで人間の価値は決まりません。抜いても元気ならいいんです。Ａさんがあんなに元気なのもお母さんのせいでしょ？（笑）

母親：間違いありません（笑）。昔から怒っても１分後にはケロってしてて。私もそれにガッカリしたり，助けられたり。

SC ：私から見ると十分いい子に育っています。

母親：そうですね。時間をかければ何とかなりそうな気もします。

SC ：そうそう，１つ私からお願いなんですが，Ａさんは三つ編みにしている日は学校では髪を抜かないそうです。本人がその法則を発見しました。今日帰ってから，家で話題にしてもらえませんか？

母親：わかりました。帰ったら本人と話してみます。

場面⑤の解説

　母親との初回面談。この事例の一番の山場であろう。ここでSCは面談開始早々，母親から厳しめのアドバイスがほしいとお願いされている。いくら頼まれごととはいえ，クライエントに対してアドバイスをするという行為は非常にリスクが高い。「母親のせいでＡさんが抜毛行為をしている」という文脈作りに加担してしまう危険性がある。もちろんここで，「お母さんのせいではありません」という方向に話をもっていくこともできた。しかし，母親が覚悟を決めて面談に来ていることは十分に伝わってきており，この要求に応えるリスクと応えないリスクを天秤にかけ，応えるほうがいいだろうと判断している。その判断の背景としては，SC自身がＡさんや担任とそれなりに良好な関係が築けていたことが大きい。ただ，ビビりなこのSCは，アドバイス以外の場面ではほぼ緊張感の調整しかしていない。「こういうことを言われるのに慣れていないので正直私も戸惑います」という話をしてみたり，アドバイスをした後は母親の様子を確認しながら今のＡさんのままで十分であることを伝えたり，母親がすでにできていることについて言及したりと，後味悪く終わらないように必死である。

ちなみに，母親が松・竹・梅のどれを選んでもSCがしたアドバイスは同じである。クライエントが選択したものにレベルを合わせるという文脈を作ることで，後で揉めるリスクを少しでも回避するため，そして母親の覚悟のレベルをいま一度確認するためのターンと理解してほしい。

場面⑥　職員室で担任から話しかけられる

職員室でのやりとり

　担任：Aさん，最近，髪の毛をあんまり抜かなくなりました。やっぱりお
　　　　母さんが家にいる時間が増えたことがよかったみたいで。毎日三つ
　　　　編みで登校してます。先日も久しぶりにお母さんと電話で話したん
　　　　ですが，「すぐには治らないだろうけど，のんびりやっていきま
　　　　す」っておっしゃっていました。

　SC　：そうなんですね。

　担任：私も最近はあんまり注意しないようにしていて。本人にも言ったん
　　　　です。「先生は，Aさんが危険なことをしたときだけ怒るね」って。
　　　　よく考えたら今まで，そこまで注意するようなことじゃないことも
　　　　細かく注意してたから，お母さんを見習って，自分もかかわり方を
　　　　変えようと思って。

　SC　：Aさんが変わったの，先生のおかげもあるんじゃないですか？

　担任：そうなんですかね。予備校のお掃除の人の話が妙に頭に残っていて。
　　　　あのアドバイスのおかげです。

　SC　：いやいや，アドバイスしても自分のかかわりを冷静に振り返ること
　　　　すらしてもらえないこともありますから。やっぱり先生のおかげで
　　　　すよ。

場面⑥の解説

　Aさんの抜毛行為は減っており，担任はその変化の理由として母親のAさんへのかかわり方が変わったことを挙げている。ここでSCがやっているの

は，担任にも手柄を渡すことである。幸い，担任自身の対応の変化についても話が聞けたため，それを利用するかたちで「先生のおかげもあるんじゃないですか？」と伝えている。担任はそれをSCのアドバイスがよかったからだと，SCにも手柄を渡そうとしてくれている。SCは，いくらアドバイスをしても今回のように有効に使ってもらえないこともあると伝え，担任に手柄を戻すことを意図して会話を展開している。

場面⑦　Aさんとの３回目の面談

相談室でのやりとり

　Aさん　：(頭頂部を見せながら) 見て見て。最近抜いてないの。

　SC　　　：ほんとだ。どうした？　何があった？

　Aさん　：何かね，最近みんな私に優しいんだよね。とくにお母さんと担任の先生。

　SC　　　：どんな感じで優しいの？

　Aさん　：お母さんは毎日髪を三つ編みにしてくれるでしょ。あと，仕事がパートになったからお母さんが家にいる時間が増えて，私がやる家事が減って，それがすごく楽。

　SC　　　：へー，ずいぶん生活が変わったんだね。

　Aさん　：そうなの。自分の好きなことをできる時間が増えた。あと，担任の先生からもあんまり怒られなくなった。前はクラスで私が一番怒られてたけど，今は三番目くらい。何か，担任の先生から言われたんだよね。今までAさんのこと怒りすぎてたから，本当に危ないことしたときだけ怒るようにするって。

　SC　　　：そんな話があったんだね。それ聞いて，Aさんはどう思ったの？

　Aさん　：今まで怒りすぎてたって言ってくれてうれしかった。怒られなくなったことより。

　SC　　　：怒りすぎてたって言ってくれたことがうれしかったの？　怒られなくなったことより？

Ａさん：そう！

SC　　：へー。担任の先生，それ知ってる？

Ａさん：いいや。恥ずかしいから言ってない。

SC　　：そうだよね。私から伝えてもいいけど？

Ａさん：うん，伝えてみて。悪いことじゃないから耳に入っても大丈夫でしょ。

SC　　：わかった。伝えとくね。

場面⑦の解説

　Ａさん自身も母親や担任の変化を感じており，またそれらをよいこととして捉えていることがわかる。母親や担任のかかわり方と抜毛行為の関連性は正確には不明である。SCはもはやその関連性を探ろうとすらしていないが，理由が何であれ抜毛行為が収まりつつあるのであれば，今やっている対応が正解という仮説を立ててよさそうであると，"ぼんやりうっすら"考えている。

　さらに，担任からの話に対するＡさんの思いがわかり，SCは恥ずかしくて言わないままでいるその気持ちを担任に伝える役割をとろうとしている。もちろんＡさんの許可をとったうえでのことにはなるが，Ａさんが何をうれしいと感じているかを担任に伝えることは良循環の増加につながると考えた。多少お節介である気もするが，SCも含めたこの時点でのシステムであれば，悪い方向には働かないだろうと判断している。

まとめ

　解説なしにこの事例を読めば，母親が正規職員からパートになれば抜毛が治る，担任が注意する回数を減らせば抜毛が治る，三つ編みにすれば抜毛が治るなどと考えるかもしれない。しかしブリーフセラピーには，そういった「〇〇をやれば治る」という考え方は馴染まない。こちらができることは，ただ１つ。クライエントのものの見方を広げること，そしてそれが既存のシ

ステムに作用することである。

　当初は、『学校での抜毛⇒Ａさんは担任から注意される⇒担任が母親に電話⇒母親からも注意される』というシステムが存在していた。しかしそれでは状況が改善しなかった。事例の終盤になると、『学校での抜毛⇒担任は注意しない⇒母親に情報が入らない⇒母親から注意されない』というシステムに変化し、Ａさんの抜毛行為は収まった。振り返れば、担任がＳＣにＡさんとの面談を依頼してきたことが、システムが大きく変わるきっかけだったようにも思う。そのシステムに新たに合流することになったＳＣは、登場人物たちの立ち位置や距離感を調整しながら、既存の悪循環に無理に抗おうとはせず、介入のタイミングやきっかけを待ち、少しでもよい循環が生まれるような対応をこころがけた。その結果、母親や担任は、髪の毛を抜くＡさんを受け入れられるようになった。つまり「抜毛行為を繰り返すＡさん」への見方が広がった。またそれに応じるように、Ａさん自身も母親や担任への見方が広がり、それが作用し合った結果、Ａさんの抜毛行為が収まったものと考える。

　ギコギコいう自転車はペダルが重く、走りも、乗り心地も悪い。それがちょっと油をさせば信じられないほど漕ぎやすくなることがある。ブリーフセラピーもそれと同じで、どれだけ悪循環なシステムであっても、その一部の動きがほんのちょっとよくなると、それが全体の動きや心地よさに作用することがある。私たちは、自分も含めたシステム全体の相互作用を常に見渡しながら、介入のポイントやタイミングを探ることを繰り返す。そしてシステムの流れがスムーズに、クリアになり、「問題」が「解決」していく。これぞまさにブリーフセラピーの魅力である。

第3章
原因不明の吐き気は問題？

Inoue Kota

井上滉太

はじめに

　本章で取り上げるのは，小学6年生の女子児童，Aさんの事例である。祖父，祖母，父親，母親，弟と6人家族で暮らしている。

　小学5年生までは問題なく学校に通っていたが，6年生の夏休み明けから急に登校を渋るようになった。なぜ登校を渋っているのか聞いても理由は話さないため，原因はわかっていない。母親が学校に行かせようと声をかけると，原因不明の吐き気に襲われ，実際に吐いてしまうこともあった。最初は無理やりにでも学校に行かせようとしていた家族もどうしたらよいかわからず，対応に困り，筆者が勤務する東京都区立教育相談所での相談に至った。

　本事例では，筆者が解決志向の流れを作っていくうえでとくに重要であったと感じた初回と第2回面接を中心にまとめている。筆者（Th）が面接中に考えていたことを〔　〕内に記している。

初回面接（X年10月）

（1）面接の経過

　母親が一人で来談した。

　　Th　：今日は，お母さん一人でいらしたのには何か理由があったんですか？

母親：本人も誘ったんですが，「どうせ『学校に行きな』って言われるか
　　　ら，行きたくない」と言って。「そんなことないよ。自分のことを
　　　話すんだよ」と言ったんですが，どうしても連れてこられませんで
　　　した。〔お母さんはハキハキとしゃべるタイプ。煮え切らないAさんの
　　　態度はイライラするのかもしれない〕

Th　：それは大変でしたね。学校に行くときもそんな感じですか？

母親：そうなんですよ！「行くの？　行かないの？」って聞いても，黙
　　　って何にも言わないとイライラしちゃって。〔やっぱりイライラして
　　　いた！〕

Th　：そうですよね。お母さんとしても学校に連絡しなきゃいけなかった
　　　りお仕事があったりで，朝はお忙しいですもんね。「もう，どっち
　　　なの！」って。

母親：そうなんですよ！（笑）　行かないにしてもハッキリしてほしいん
　　　ですよね！〔あまり聞いていると「はっきり意見を言えない子」という
　　　問題が出てきてしまいそうなので，本題に入るためにまずはお母さんの
　　　ニーズを把握しておきたい〕

Th　：そうしたらお母さん，今日は一戦交えた末に，一人で来てもらった
　　　んですが，ここでどんなことがお話しできるといいでしょうか？

母親：はい，一戦交えてきました（笑）。私は学校に今すぐにでも行かせ
　　　たいんですが，主人は「学校に行かなくていい」と言っていて，意
　　　見が一致していないんです。〔あまり納得のいっていない表情。お母
　　　さんが問題だと思っているのは夫婦で意見が一致しないこと。夫婦間の
　　　葛藤があるのかもしれない。普段の問題解決の仕方はお母さんが主導権
　　　を握っていそう。ハキハキしているお母さんだから，家のなかではパワ
　　　ーをもっていそう〕

Th　：普段，何か困りごとがあったときにはどうやって解決しています
　　　か？

母親：いつもは私が先頭に立って解決しているんですが，今回に限っては
　　　主人が主体になっています。私としてはやりづらいんですが，主人

は「学校に行かなくていい」という考えが強くて，喧嘩になってしまうので，任せるようにしています。〔いつもと違う解決方法で取り組んでいるから，お母さんもどうしたらいいかわからなくなっているんだな〕

Th　：お母さんはきっと普段からはつらつとされていて，エネルギーをもっている方なので，何か困ったことがあってもお母さんの明るさで解決できちゃうんだろうなと思いました。ただ今回はいつもと違い，お父さんが主体となっているということで，お母さんはやりづらさがあるようですね。

母親：ありがとうございます。その通りです。

Th　：では，あまり考えたことがないかもしれませんが，今の状況がどうなっていくと，お母さんとしては少し楽になりますか？

母親：うーん，やっぱり夫婦の意見が一致していることですかね。今はどうしても真っ向から衝突してしまうので。

Th　：意見が一致していると，何が楽になりますか？

母親：やっぱり衝突しないことだと思います。

Th　：衝突しないと，どんないいことがありますか？

母親：衝突しなければ娘に対しても冷静に対応できるし，家のなかが明るくなって，学校に行きやすくなるんじゃないかと思います。

Th　：ではお母さんとしては，夫婦で衝突せずに家のなかが明るくなるということが目標になりますかね？

母親：はい。そうなるといいなと思います。

Th　：わかりました。今回の件に関しては，お父さんが主体になっているということなので，ぜひお父さんにも来ていただいて，一緒に話し合って解決策を探したいと思うのですが，いかがでしょうか？

母親：ぜひお願いします。

（2）初回面接を振り返って

初回面接は母親のみが来談された。ハキハキとよくしゃべる方だったため，

こちらも会話のテンポを合わせたり，冗談を交えて笑わせたりと，ジョイニングをして関係を作るところから始めた。幸い，Thの冗談をよく笑ってくださる方だったので，面接中は終始とても明るい雰囲気だった。

　また，母親が話す内容は母親にとってのニーズと解決像であることを意識して話を聞いていった。思春期の子どもを抱える家庭の相談では，親と子どもの意見が食い違っていることが多い。また家族構成員それぞれのニーズや解決像も異なっていることがよくある。学校などの教育現場では話し手の訴えが優先され，その背景にある人間関係が考慮されていないことがある。たとえば，「『養育能力に乏しい母親』とその息子」というように，一方が問題をもっているとする構図に陥りやすい。このような構図は「直線的因果律」と呼ばれ，「問題」を浮き彫りにしてしまう可能性がある。実際には「養育能力に乏しい母親」ではなく，「息子があまりにも反抗的なため養育したくてもできない母親」なのかもしれないのである。このような思い込みをもたないためにも，目の前にいるクライエントが話していることは絶対的な真実ではなく，周りの人物から見た，別の視点があるということを理解しておく必要がある。

　さて，本章のタイトルでもある「原因不明の吐き気」を訴えるAさんの母親だが，実は吐き気についてはほとんど話していない。吐き気にどうやって対処するのだろうと考えながら読んでくださっていた読者には申し訳ない限りだが，Thは最初から吐き気に対しては「この子は吐くくらい学校に行きたくないんだろうな」「『学校に行きなさい』って言われて，吐くくらいしか，学校に行かずに許される方法はなかったんだろうな」と考えていたくらいで，まったく問題視していなかったのである。もちろんクライエント本人や関係者が問題と捉えているならば，「どうして問題と捉えているのか」という考え方を知るために話題にするが，今回は母親が話題にしなかった吐き気の問題にThが触れると，取り組むべき問題を増やしてしまうことになるため，話題にしなかった（というより本当に問題と思っていなかったので，聞くことを忘れていたのだが……）。

第2回面接（X年10月）

（1）面接の経過

　初回面接から1週間後の第2回面接には，父親，母親，Aさんの3人が来談した。ThはAさんは来てくれないだろうと思っていたため，驚いた。

　Th　　：（Aさんに）前回は行きたくないって言ってたみたいだけど，どうして今日は来てくれたの？

　Aさん：（反応がない）

　母親　：この前の面接の後，私が「面白い人だったから行ってみたら？」って言ったら，「行ってみようかな」と言ってました。

　Th　　：そうだったんだ。それはありがとう。面白い人と思われるとちょっと緊張するなあ。それからお父さんも，今日は来てくれてありがとうございます。

　父親　：こちらこそありがとうございます。家族で話す機会があまりないので，いいきっかけになりました。〔なんて優しいお父さん！　きっとAさんにも優しいんだろうな。ただそれを見てお母さんはイライラするのかもしれないから，「お母さんも忘れてませんよ」とメッセージを送っておいたほうがよさそう〕

　Th　　：前回，お母さんからは結構お話を聞いたので，今日はお父さんとAさんからお話を聞きたいなと思うんだけど，お母さん，いいですか？

　母親　：大丈夫です。

　Th　　：そうしたら，まずお父さんに聞きますね。Aさんが学校に行きたくないと言っているみたいなんですけど，それに関してはどう考えていますか？

　父親　：娘は人と話すことが苦手なので，学校に行けなくなってしまったと考えています。私は，今の義務教育のやり方では，本人のやりたいことを摘んでしまうんではないかと思うんです。〔お父さん

が考えている問題はコミュニケーションの苦手さと教育についてか。これは壮大なテーマになりそうだからあまり深くは扱わないでおいたほうがよさそう……ここは少し触れるだけにしよう〕

Th　　：なるほど。お父さんとしては何か信念があるんですね。ただ可哀想だから「行かなくていい」と言っているわけではない。

父親　　：その通りです。

Th　　：Aさんに聞いてもいいかな。

Aさん：（うなずく）

Th　　：Aさんは学校についてどんなふうに考えてる？

Aさん：（下を向いてしまう）〔学校については答えられないか……後で好きなものを聞こう〕

Th　　：それではお父さんに聞きますが，お父さんとしては毎日どんなふうにAさんが過ごしてくれていたらいいなと思いますか？

父親　　：日々目標をもって過ごしてもらいたいと思っています。やりたいことをやってくれたらいいですかね。

Th　　：目標ね。お母さんはどうですか？

母親　　：人と接してほしいと思います。将来仕事についたときに，まったく人とかかわらないことは無理だと思うんです。だから別に学校じゃなくてもいいから，少しでも人と接してコミュニケーションの苦手さを克服してほしいと思います。〔あれ，お母さんはコミュニケーションの苦手さの方向に行ってしまった〕

Th　　：そうすると，お父さんもお母さんも，学校に行くか行かないかってことではなくて，日々目標をもちながら，人とかかわる毎日を送ってもらいたいということでしょうか。そこは，お2人とも同じですか？

父親・母親：そうですね。大丈夫です。〔ちょっと強引だったけど納得してくれた。次はAさんの目標を聞いていきたい〕

Th　　：それからAさん，お父さんがさっき「やりたいこと」って言ってたんだけど，Aさんのやりたいことって何だろう？

Aさん　：パソコンをいじること。

Th　　　：いじる？

Aさん　：プログラミングをしてる。

Th　　　：へえー。どんなこと？

Aさん　：Minecraftっていうゲームでプログラミングができるからやって
　　　　　る。〔好きなことなら話してくれそう。日々の生活でやっていくこと
　　　　　をもう少し明確化するために，未来を想像する質問をしよう〕

Th　　　：そうなんだ。将来こんなことしたいなって夢はあるの？

Aさん　：夢ってほどじゃないんだけど，ゲームクリエイターっていうのに
　　　　　なりたい。

Th　　　：そうなんだ。じゃあ日々のMinecraftは将来のために必要なこと
　　　　　なんだね。

Aさん　：（笑顔でうなずく）

Th　　　：ところで，ゲームクリエイターになるためにはどんなことをした
　　　　　らいいの？

Aさん　：プログラミングの勉強をしなきゃいけない。勉強したいなって思
　　　　　うんだけど，どうやったらいいかわからない。

父親　　：そうしたら，本がないか調べてみようか。〔さすがお父さん。娘の
　　　　　ためにすぐ動いてくれる。両親の表情が明るくなったので，最後に感
　　　　　想を聞いてみたい〕

Th　　　：今日は初めて家族で話しましたが，どんなことを感じたか，教え
　　　　　てくれますか？

Aさん　：（答えない）

父親　　：意外でした。スクールカウンセラーに相談してもどこに行っても，
　　　　　「学校に行かせなさい」という話になってしまったので，今日は
　　　　　初めてわかってもらえたという気がしました。

母親　　：今まで苦手なところを克服しなければいけないと考えていたんで
　　　　　すが，それだけではないんだというのがわかって，それが今日の
　　　　　一番の収穫でした。

（2）第2回面接を振り返って

第2回ではAさんも来談してくれた。初回面接で母親をたくさん笑わせたのが功を奏したようである。ブリーフセラピーではこのように小さな変化が大きな変化を招くことを「さざなみ効果」と呼んでいる。

またこの第2回面接では，問題として「不登校の原因」の王道ともいえる「コミュニケーションの苦手さ」が登場している。コミュニケーションが苦手で学校に行けないとなると，教育現場ではどういった対処をするだろうか？　まず初めに思いつくのは，知能検査を実施して，能力に偏りがないか調べることである。おそらくここがこの事例の分岐点であったように思う。コミュニケーションの苦手さという問題に着目した場合，ここからの展開は検査の提案，検査の実施，検査結果のフィードバックにトレーニングもあるかもしれない。検査は場合によっては必要であるが，この事例ではより複雑化してしまうと考え，提案していない。そして，事前情報にあった吐き気について聞くこともできたが，同様の理由で聞いていない。吐き気について聞けば，何かしらのリアクションがあり，話が展開していった可能性はあるが，より複雑な展開であったことは想像に難くない。もしもThが問題に焦点を当てていたら，次のようなやりとりになったであろう。

Th　：ところで，学校に行こうとすると吐き気が出てしまうと聞いたけど。

母親：実際に吐いてしまうこともありました。

Th　：どのような流れでそうなりますか？

母親：私が「学校に行きなさい」と言うと黙ってしまうので，「どうするの？」と何度も聞いていると吐き気を訴えて，吐いてしまうことがありました。

父親：私はそこまでして学校に行かないでいいと思うんです。

母親：あなたがそんなこと言うからこの子も行きたがらないんです。

このように問題に焦点を当ててしまうと，Aさんの吐き気の話に始まり，夫婦の問題まで浮き彫りになっていったかもしれない。Thはこの後，事態

の収拾に必死になり，焦りはさらなる失態を招いていたであろう。ブリーフセラピーでは効率的なセラピーを目指しているため，筆者は吐き気やコミュニケーションの問題は棚上げしたほうが解決に向かいやすいと考え，Ａさんの解決のイメージとして出てきた「将来の夢」に焦点を当てることにしたのである。誤解のないように繰り返すが，問題と解決のどちらに焦点を当てることがよいかということではなく，どちらがより効率的に解決に向かうかによって扱う話題を変えるというイメージである。

　解決志向ブリーフセラピーのイメージは何かと考えたときに，「問題ではなく解決に焦点を当てる」というものが思い浮かぶ。解決に焦点を当てなければいけないと誤解されていることがあるが，絶対に解決に焦点を当てるということではない。問題に焦点を当ててもいいのである。日常生活でも，「話を聞いてほしかっただけなのにアドバイスされた」という経験はないだろうか？　クライエントは問題を語りにきているのだから，問題について聞くのは当然である。クライエントが問題について話したがっているのにThが解決を押し進めてしまっては，それは解決志向ブリーフセラピー（Solution Focused Brief Therapy）ではなく，解決強制ブリーフセラピー（Solution Forced Brief Therapy）になってしまう。大切なのはクライエントが問題を語っているプロブレムトークと解決について語っているソリューショントーク(1)に気づくことであり，プロブレムトークが多いクライエントに対しては，ソリューショントークの時間を増やすための質問をしていくことなのである。偉そうに語ってはいるが，スーパーヴィジョンでは筆者もよく「Thが問題に焦点を当てている」との指摘を受けており，筆者自身も修行中の身である。

　解決志向ブリーフセラピーでは，その人のもっているリソースを探していくことで，解決のヒントが得られるといわれている。Ａさんにとってプログラミングはリソースであり，不登校という問題（とされるもの）の渦中にあるＡさんが生き生きできる例外でもあることがわかった。人と話すことが苦手で，両親が話している間ずっとうつむいていたＡさんだったが，プログラミングの話になると目を輝かせ，将来の夢まで話してくれたのである。子ど

もの相談をしていると好きなことの話で盛り上がることがよくあるが，単に「好きなことの話」として流してしまっていないだろうか。Th側がそれをリソースとして捉え，セラピーのなかで活かしていこうとする姿勢が必要であろう。

第3〜7回面接（X年10月〜X年11月）

　家族の雰囲気が明るくなり始めた時期である。

父親　：前回お話しした後，さっそく家族で話し合って，Minecraftでプログラミングが勉強できる本を買ってきました。家では学校の話題をあまりしなくなったからか，みんな笑顔が増えたように思います。

Th　：笑顔が増えたことで，どんないいことがありましたか？

父親　：家のなかが明るい雰囲気になって，前みたいに喧嘩して嫌な気分にならなくなりましたね。

Th　：それは大切ですね。それでは他にもみんなが笑顔になれそうなことで，思いつくことはあるでしょうか。

母親　：そういえば，おじいちゃんとおばあちゃんがパソコンの使い方がわからなくて，教えてあげていたことがあったから，家族でわからない人がいたら教えてもらうといいかもしれないです。

Th　：Aさんのパソコン講座ですかね。Aさんはどう思う？

Aさん：教えるのは楽しいからいいと思う。

第8〜13回面接（X年12月〜X＋1年1月）

　夫婦の関係にも変化が起こった時期である。今までは面接中にAさんがいたとしても，父親が話す際に顔をしかめていた母親だったが，驚いたことにニコニコして父親の話を聞くようになっていた。

Th ：お母さん，前と全然違いますね。（父親に向かって）何が違うと思い
　　　ますか？

父親：え，何でしょう？　表情でしょうか？

母親：自分でも違うなっていうのがわかります。前よりお父さんを受け入
　　　れられるようになったんです。私が変わったところもあるかもしれ
　　　ないけど，お父さんが本当に変わったと思います。前は「学校なん
　　　て絶対に行かなくていい！」と言っていたのに，今は「コミュニケ
　　　ーションの練習にもなるから必要なときもある」と言ってくれてい
　　　るんです。

Th ：へえー，それはすごいですね。お父さんがそうなれたのはどうして
　　　なんですか？

父親：相談に来て考えが変わったんです。相談に来るようになって家のな
　　　かがすごくいい雰囲気になって，そうしたら自然と「妻の言ってい
　　　ることもたしかに一理あるぞ」と。学校に行ったほうがいいことだ
　　　ってあるかなと思うようになったんです。

　ここではThが変化について指摘し，両親もそれを認めている。よい変化
が起きているときには，なぜその変化を起こすことができたのかについて質
問するとよい。

　解決志向ブリーフセラピーには，スケーリング・クエスチョンや，コーピン
グ・クエスチョン，ミラクル・クエスチョン(2)など斬新な技法が数多くあるため，
技法が目立っているが，技法を使うことに執着しているとうまくいかない場
合も多い。大切なのは技法を使うことそのものではなく，技法を使うことで
問題に向かっていた視線を解決の方向へと向けることである。そのためには
Th自身が常にクライエントのリソースを探そうとする姿勢が必要であろう。

第14〜17回面接（Ｘ＋１年２月〜Ｘ＋１年４月）

　不登校が問題ではなくなった時期である。

父親：家ではみんな楽しく過ごしています。最近になって気づいたんですが、なんと不登校だということを家族みんなが、まったく忘れてしまっていたんです。

Th　：忘れてしまうくらい、問題として見なくなったのかもしれませんね。

父親・母親：そうだと思います。

　しかし、中学進学が迫るにつれ、再び不登校が問題として浮かび上がってくると、来談当初のような喧嘩が家庭で起きるようになった。

母親：実は中学校への進学に向けて、学校に行かせたい私と行きたくないAで喧嘩をしてしまいました。それでも結局学校には行っていません。〔最初に来たときと同じような状況。もう一度Aさんのリソースに注目してほしい……〕

Th　：そうですか。お母さんとしては実際に中学進学が目の前に来て、焦ってしまいますもんね。ところで、Aさんが今やりたいことというのは何でしょうね。

父親：1つはプログラミングというのは変わらないですね。後は、私の仕事の手伝いで会社のホームページを作ってもらうことをお願いしようかと思っていて、娘もそれはすごく乗り気になってますね。〔リソースに注目することはできているから、ここは何か具体的な提案をするよりも家族に任せたほうがよいだろうな〕

Th　：そうしたら、生き生きと毎日を過ごすためにはどんなことをしたらよいか、家族で話し合ってみてください。

第18回面接（X＋1年4月）

父親　：前回の相談の後に家族で話し合って、フリースクールに行くことを決めました。

母親　：私がプログラミングの勉強ができる学校を探して、提案するのは

お父さんからやってもらいました。私が言うと反発するかなって思ったので。〔実はお母さんは公立の学校に通わせることを強く希望していたため，この決断をしたのは驚きだった〕

Th　　：お母さん，今までは公立って言ってたと思うんですけど，心境の変化があったんですか？

母親　：やっぱりね，無理やりじゃなく，本人がしたいことができないと毎日生き生きと過ごせないですからね。

Th　　：お母さん，素晴らしいですね。Aさんはどう思った？

Aさん：もう見学してきたんだけど，面白そうだから行ってみたいと思った。

第19〜22回面接（X＋1年4月〜X＋1年5月）

　新たな一歩を踏み出した時期である。驚いたことにAさんが「フリースクールに入るために作文や面接の練習を見てほしいです」と希望しての来談だった。

　コミュニケーションが苦手とされていたAさんだったが，来談当初の様子とは打って変わって，Thからの問いかけにハキハキと答えていた。

母親：（涙ぐみながら）こんなにしっかりといろいろ考えて，話せるなんて。信じられないです。

　その後しばらくして，お父さんから連絡があった。Aさんは無事にフリースクールに入学することができたようだった。最後にお父さんの言葉を紹介して，この事例のまとめとしたい。

父親：今，毎日学校に行っています。あんなに学校を嫌がっていたのに，大雨の日もカッパを着て学校に行っているのが信じられないです。今思うと，学校に行っていないときは罪悪感があったんでしょうね。

きっと本人もつらかったんだと思います。

Th　：Aさんにとってよかったことって何でしょうね。

父親：ここに来たことがきっかけになったと思います。最初は本当に家の
　　　なかが暗くて，どうしようという感じでしたが，明るくなり，まさ
　　　か不登校という問題を忘れて過ごすことになるとは思いませんでし
　　　た。「雨降って地固まる」じゃないですけど，家族として強くなれ
　　　たと思います。この先似たようなことがあっても家族で向き合える
　　　という自信ができました。

おわりに

　このケースで筆者が行ったことは，Aさんのリソースに着目して，その視
点を家族で共有してもらうことだった。その結果，来談した当初のように問
題に着目するのではなく，Aさんのよいところに目を向けることができ，家
のなかが明るい雰囲気となっていった。そして最終的には，Aさんの夢であ
るゲームクリエイターに必要なプログラミングが学べるフリースクールに楽
しく通うことができるまでになった。

　本章のタイトルでもある吐き気について，結局何が原因なのかはわかって
いないが，必ずしも原因を追求する必要はない。原因不明の吐き気やコミュ
ニケーションの問題を解決していくのは時間がかかる。それよりも本人がど
んなことを得意としていて，どんな日常を送っていきたいかという解決に視
点を向けていくことが，効率的なセラピーを行うことにつながるのである。

［文　献］
（1）ピーター・ディヤング，インスー・キム・バーグ（桐田弘江，住谷祐子，玉真慎
　　子訳）『解決のための面接技法　第4版―ソリューション・フォーカストアプローチの
　　手引き』金剛出版，2016年
（2）日本家族研究・家族療法学会編『家族療法テキストブック』金剛出版，2013年

第**4**章

めまいや耳鳴りで友人関係が
うまくもてない

Yokoo Haruka
横尾晴香

はじめに

　新年度，新しい職場，新しい住まい……。「新」とつくものに対して，筆者は胃のあたりに違和感を覚えることが多い。なんとなく胃が痛いような，何だろうこれは……と考えているうちにいつの間にかなくなっているのだが，おそらくそれは，環境の変化から生じたストレスがからだに影響を及ぼし，「胃腸の違和感」として現れたということだろう。

　今回，この原稿の執筆を依頼されたときも少し胃が痛くなったのを覚えている。普段から締め切りのある課題への取りかかりを先延ばしにしてしまいがちな筆者にとってこの依頼は正直プレッシャーで，「自分に書けるのか」「締め切りに間に合わせられるのか」と不安や焦りを感じていた。そして案の定，締め切りが近くなってから焦って書き始め，もう時間がないというのに頭が痛くなり……。なんでこんなときに，と思うが，よくよく考えてみれば，同じようなことは今までに何度もあったのを思い出す（早く取りかかればいいのに毎度同じことを繰り返し，なんとかぎりぎり間に合ったことを成功と捉え，間違った学習を積み重ねている）。

　このように，からだの不調とこころの状態は密接にかかわっている。筆者は主に学校現場でスクールカウンセラー（SC）として働いているが，「お腹が痛い」「気持ちが悪い」「頭痛がする」などからだの不調を訴えて相談室を訪れる児童・生徒は多い。話を聞いていくと，友人関係や家族関係で悩んでいたり，勉強がわからないことで困っていたりすることがほとんどで，単純

にウイルスや細菌の影響でからだに不調が出ているのではないことがわかる。そもそも相談室に来る時点で，本人もつなげてくださった先生などもたいていは，「これは単純なからだの病気じゃないな」と気づいているだろう。「じゃあ，こうなってしまうのは自分のこころが弱いせい？」と言われたら，必ずしもそうではない。もちろんその人の性格や気質からくるものもあるかもしれないが，その人を取り巻く環境や置かれている状況などからもこころやからだは影響を受ける。相談を受ける側は，そういったことも含めて対応を考えていく必要がある。

　本章では，筆者がかかわったケースのなかで，めまいや耳鳴りといったからだの不調と友人関係について扱ったケースを取り上げたい（なお，以下の記載は実際の事例をベースに，個人が特定できないよう内容の一部を改変している）。

学校で働くにあたって

SCに求められているもの

　事例に移る前に，筆者がSCとして働いているなかでこころがけていることについて整理したい。

　SCは「チーム学校」の一員として，先生方と連携をとることが求められている。そのため筆者は先生と密に情報共有を行い，SCとして，一人の人間として，信頼してもらえるよう努めている。学校現場では，先生が心配な児童・生徒にSCへの相談を勧め，つながることも多い。SCが信頼してもらえていなければ，なかなか勧めようとは思ってもらえないかもしれない。また，場合によっては先生に教室の環境調整をお願いしたり，声かけの仕方を工夫していただいたりすることがある。そういったことを依頼しやすくするためにも，先生方とよい関係を作っておくことは重要で，日頃から雑談なども交えながらコミュニケーションをとったり，ちょっとした学校のお手伝いをしたりして，学校の一員として認めてもらう努力をすることは必須だと考えている。

一方で，学校の一員といえども，学校に染まりすぎない姿勢も大事だと考えている。児童・生徒，保護者のなかには，学校や先生に対してよい感情をもっていない人もいる。そういった人がSCに相談しやすくするためには，「学校の人（先生）ではないけど，学校を知っている外部の人」といった立場でいることも重要である。

学校でブリーフセラピーをどう活かすか

　ブリーフセラピーは「短期的・効率的な解決を目指すセラピー」のため，できるだけ早い関係性作りが重要になってくる。

　SCとして学校で勤務していると，児童・生徒の教室などでの様子を観察することができる。学校はある意味，情報の宝庫である。筆者は面談が入っていない時間，よく校内を歩き回って，「この子の筆箱，いま流行りのキャラクターの筆箱だから，あのアニメが好きなのかな？」「この子は休み時間によく絵を描いているから，絵が好きなのかな？」「机のなか，ぐちゃぐちゃだな……整理整頓が苦手なのかな」「そういえばあの子，体育の時間に駆けっこで1位になっていたなあ」など，会話のネタになりそうなものを何でも収集しにいく。そしてそのネタをもとに会話をし，「この先生，話せそうだな」と食いついてくれたら，「しめた！」とばかりにこころのなかでガッツポーズである。

　収集した情報はコンプリメントの際にも有用で，見聞きした児童・生徒の姿が彼らをほめる・認める・励ます根拠になってくれる。先生と情報共有するなかで得た情報も，使えそうならどんどん使い，「○○先生があなたのことをほめていたよ」と伝えることもある。ブリーフセラピーは「使えるものは何でも使う」のがモットーなのである。

事例の概要

　ある日，SCのもとに，「相談したいと言っている生徒がいる」とＩ先生から話があった。Ｉ先生は，中学2年生の1クラスを担任として受けもつ先生

で，「自分のクラスのAさんという生徒が相談したいと申し出てきたので，来週の放課後に面談の予約を入れた。話を聞いてやってほしい」とのことだった。

　I先生は，その生徒について簡単に状況を教えてくれた。聞けば，Aさんは少し前から同じクラスのBさんとの関係がうまくいっていないようで，避けられているような気がしているという。I先生にもAさんから相談があったが，いろいろな人のアドバイスを聞いてみるのもいいのでは，ということでSCを紹介したとのことだった。さらに，つい最近「メニエール病」の診断を受け，薬を飲んでいることを教えてくれた。

　メニエール病とは，自分や周囲がぐるぐると動いたり回転したりしているような感覚を伴うめまい，吐き気，聞こえにくさや耳鳴りなどの症状を特徴とする病気である。原因として，ストレスや睡眠不足，疲労，気圧の変化，几帳面な性格などがあると考えられている。この時点で，Aさんはもしかしたらストレスを感じやすい性格なのかもしれない，もしくはストレスを感じやすい状況に置かれているのかもしれない，学校や家庭の環境なども気にしておこうなどとSCは考えていた。

　学校現場ではこのように，事前に担任の先生などから教室での様子や成績，友人関係などについてあらかじめ情報提供を受けたうえで，児童・生徒との面談に臨む場合が多い。そのためSCは，その情報を頭の片隅に置いて，児童・生徒を取り巻く環境がどのようになっているか想像しながら話を聞いていくこととなる。だが一方で，その情報はあくまでも一人の第三者の視点であることを念頭に置き，鵜呑みにしすぎない態度が求められる。

初回面接

　翌週の放課後，予約時間どおりにAさんが相談室にやってきた。SCが自己紹介すると，Aさんもはきはきした大きな声で自己紹介をしてくれた。初めての来室ということもあり，少し緊張しているようにも見受けられたため，リラックスして話してもらえるよう，最初は簡単な雑談をした。

ほぐれてきたあたりで相談したかったことについて話してもらうと，Ｉ先生の事前情報どおり，クラスメートのＢさんとの関係について相談したいとのことだった。メニエール病の診断がついていることや，耳鳴りのせいで人の声が聞こえにくいことも教えてくれた（めまいに関しては診断時はあったようだが，現在はあまりないとのこと）。

　以下は，ＡさんとSCのやりとりを抜粋した逐語録である。

Ａさん　：Ｂさんが，何だか私のことを避けているみたい……。私の声が大きくて，「一緒にいると恥ずかしいからやめて」と言われた。他にも私に直してほしいところがあるみたいなんだけど，何だか回りくどくしか言ってくれないから，どうすればいいかわからない……。

SC　　　：そうなんだね。回りくどいっていうのはどういうこと？

Ａさん　：なんか声が大きくておじさんっぽいとか……見た目のこととか言ってきて。よくわからない。

SC　　　：おじさん？　たしかにそれはよくわからないし，見た目のことを言われてもどうすればいいかわからないね。

Ａさん　：そうなんです！　声が大きいのは昔からなんですよね……。それに最近は耳鳴りがあって，人の声が聞こえにくいし……。でも声のトーンを下げることを意識するのはできると思うから，やってみようと思っています。他にもお母さんと話し合って，自分に直せそうなところを考えて目標を立ててみたんです。

　そう言ってＡさんは，目標が３つ書かれた紙を見せてくれた。

SC　　　：どうすればいいかわからないながらも，できることをやろうと頑張っているんだね。紙にも書いて，努力しようとしているのが伝わってくるよ。お母さんと話し合ったって言っていたけど，お母さんにはよく相談したりするの？

Aさん：はい。よく聞いてくれます。小学校のときから学校で嫌なことが
　　　　あったら相談していました。

SC　　：それは頼りになるね。Aさんにとってお母さんはいい相談相手な
　　　　んだね。

Aさん：そうですね。ただ，お母さんと一緒に考えたこの目標，なかなか
　　　　達成できなくて。どうしたらいいですかね？

SC　　：そうだね。目標の内容自体はいいと思うんだけど，たとえばこの
　　　　「人の話を聞くようにする」っていうのは，具体的にどんなこと
　　　　をしたら人の話を聞いているように見えると思う？

Aさん：そうですね……。大きくうなずいたりすることかな？　あと，相
　　　　手が言ったことに質問したりするとか。

SC　　：それはいいね。そうしたらまずはそれからやってみよう。やって
　　　　みてどうだったかまた教えてくれる？

　SCはこのように伝え，また2週間後に会う約束をしてこの日の面談は終
了した。

　Aさんは目標の1つに「人の話を聞くこと」を挙げていたが，耳鳴りの影
響で人の声が聞こえにくいと感じているAさんにとってこの目標はやや取り
組みにくいように思われた。耳よりも目からの情報を手がかりにするほうが
取り組みやすいのではないかと考え，「人の話を聞いている人はどんなこと
をしているか」を考えてもらうことによって，Aさんが取り組める具体的な
行動につなげるようにした。

　また，Aさんにとって母親はよき相談相手であり，母子関係は（少なくと
も）悪くなさそうということが想像できる。つまり，Aさんにとって母親は
リソースになると思われた。

第2回面接

A さん：前回言われたこと，やってみました。B さんとの関係はそんなに
　　　　大きく変わってはいないけど，思い出したことがあるんです。前
　　　　に B さんから「言い方がきつい」と言われたことがあって。家で
　　　　も，父と話している様子を見ていた母から「ちょっと今のはお父
　　　　さんに強く言いすぎなんじゃない？」と言われることがあるんで
　　　　す。自分ではあまり気づいていなかったけど，きつい言い方と思
　　　　われているならそれを直したい。

SC　　：きついっていうのは，ある意味，自分の意見をはっきり言えてい
　　　　るってことでもありそうだけどね。

A さん：ああ，たしかに。でもはっきり言いすぎちゃうかも。

SC　　：ちなみに，言い方がきつくない人はどんな人だと思う？

A さん：うーん，やわらかい印象の人ですかねえ。

SC　　：なるほど。じゃあ A さんの周りにいる人で，そのやわらかい印象
　　　　の人って誰かいる？

A さん：えーっと，I 先生とかはやわらかい感じがします！

SC　　：あー，たしかにそんな感じがするね。そうしたら，その I 先生を
　　　　観察してきてもらって，どういうところからやわらかい印象が出
　　　　ているのか，気づいたことがあったら来週教えてくれる？

A さん：わかりました。

こうして1週間後にまた面談することとなった。

　A さんからは「きつい言い方を直したい」と希望が出された。ここでは
「きつい言い方」＝「自分の意見をはっきり言える人」とリフレーミング
（言い換え）して伝えている。また，「きつい言い方」について話を掘り下げ
ていくと，きつさの原因探しになってしまうことが予想された。ブリーフセ
ラピーの基本姿勢には「原因を追求しない」ことがある。そのためここでは，

きつさを感じない人＝やわらかい印象の人について考えることとし，Aさんがなりたい姿のイメージを具体的にしていくことを目指した。

第3回面接

> Aさん ：I先生を観察していたら，先生は「〜だね」とか「〜だよね」とか，語尾に「ね」をつけていることに気がつきました。それで，自分でもお母さん相手に「ね」をつけて話すように練習しているんです。
>
> SC 　　：えっ，気づいたことがあったら教えてって言っただけだったのに，すでに自分で試してみたんだ！　すごいじゃない！　やってみてどうだった？
>
> Aさん ：今のところ，違和感なくやれている気がします。あと，最近Cさんと話すことが増えました。

　Cさんというのは，Aさんと同じ部活の友だちで，帰る方向が一緒ということもあって話すことが増えたようだ。AさんはCさんといろいろ話ができて楽しかったと嬉しそうに話していた。

> SC 　　：お母さんの前で練習していることが違和感なくやれているなら，今度はお友だちに対してもやってみるのはどうだろう？
>
> Aさん ：そうですね。やってみようと思います。

　前回の面談でSCはAさんにやってきてほしいことをお願いしていたが，AさんはSCがお願いした以上のことをやっていた。話しているなかでも，真面目で努力家な性格がにじみ出ており，SCが助言しなくとも自分で考えて実践しようとするところはAさんのリソースだろう。そのため，SCが何か言うよりも，Aさんがやろうと思っていることを応援するスタンスでかかわることがよいと思われた。

第4回面接

Ａさん：ここ最近はＢさんじゃなくて，Ｃさんと話すことが多いんですけ
　　　　ど，ほとんど会話が途切れちゃうんです。どうしたらいいんだろ
　　　　う……。

SC　　：ほとんどって言っていたけど，会話が続くこともあるの？

Ａさん：ないわけではないですけど。

SC　　：そのときはどうして会話が続いたの？

Ａさん：えっ，なんでだろ……。うーん……何か質問したりしてたかな
　　　　……。

SC　　：質問ってどんな？

Ａさん：直前に話していた内容についての質問です。「それって○○って
　　　　いうこと？」みたいな。そっか，質問すれば途切れずにすむかも。
　　　　あっ，そもそもうちの家族ってみんな早口なんですよね。だから
　　　　急かしているように見えて相手も黙っちゃうのかも。もっとゆっ
　　　　くりしゃべれば自分が質問したいことを考える時間も少しできる
　　　　から，ゆっくり話すように意識してみようかな。

SC　　：おお，すごいね。いろいろ気づいたね。それ，とてもいいアイデ
　　　　アだと思うからぜひやってみて。

Ａさん：わかりました！

　その後，ゆっくり話すというのはどれくらいの速さがベストか，という話
し合いになり，お互い意識的にゆっくりしゃべって相手の印象を聞きながら，
ちょうどいい速さを探っていった。後半はほぼ雑談。Ａさんはだいぶリラッ
クスした様子で足を投げ出してソファに座り，好きなアニメの話などをして
いた。

　会話が続かないとのことだったが，例外探しの質問をするなかで，Ａさん
自身が「質問をすればいいかもしれない」と気づくことができた。加えて，

少しゆっくり話してみようという自分なりに工夫できるところを発見し，方針がわかったことで困り感が減ったようにうかがえた。SCはほとんど何もしておらず，Aさんが自分の力で勝手に（というと語弊があるかもしれないが）よくなっていっているような感じである。

その後の経過

　この後，学校は長期休みに入り，しばらくAさんとの面談はお休みになっていたが，その後もAさんは話したいことが出てきたときに予約をとり，相談室を訪れていた。だが，「困っていることはとくにないんですけど」と言いながら雑談だけで面談が終わる回もあり，以前ほど友人関係で困っている様子ではなかった。

　I先生に教室での様子をうかがったところ，Cさんたちのグループで楽しく過ごせているようだとのこと。Bさんとはもうあまり付き合っていないようだが，最低限のやりとりはしているそうだ。また，めまいや耳鳴りについては面談のなかでほとんど取り上げられなかったものの，学校生活に支障が出るようなことはとくにないとのことだった。

まとめ

　本事例では，メニエール病と診断されためまいや耳鳴りなどのからだの不調は何が原因だったのかはっきりわからないが，少なくともSCがかかわり始めた当初，AさんはBさんとの関係に悩んでおり，それがストレスになっていたことが考えられる。とはいえ，SCがその人間関係にダイレクトに介入することはできない。そのため，Aさんが「こうしたい」と望むような人間関係を築いていけるよう，Aさんのものの見方に別の視点を加えて，捉え方の幅を広げるアプローチをしていくこととなった。

　ただし，こういったアプローチもクライエントとの関係がしっかり築けていないと，SCの考えを押しつけることになったり，伝えたいことがうまく

伝わらなかったりすることになりかねない。逐語録からは見えづらいが，やりとりのなかではクライエントの声のトーンやペースに合わせて話したり，うなずきや相槌の入れ方を工夫したりと，細かいところだが，相手に合わせること（ジョイニング）を繰り返している。また，雑談も交えることによって，やりとりがしやすい雰囲気作りをしている。クライエントが心地よく話せるよう努力することで，信頼関係が生まれ，SCの言葉がクライエントに届きやすくなる。

　この事例では，SCとのやりとりを通して，Aさんのなかで気づきが広がり，「こうすればいいかもしれない」と自身が考えて実行した結果，Aさんにとって望ましいことが起きた。自分自身で見つけた方法は，SCが助言してやってもらう方法よりも，「やってみよう」という意欲が持続しやすい。また，実際にやってみてよい結果が得られれば，「もう一度やってみよう」という気持ちをもちやすくなるだろう。Bさんとの関係に限らず，人間関係における自分の振る舞い方について考えていくなかで，Aさんにとって無理なく付き合える友人を見つけることができ，ストレスが減ったことで，めまいや耳鳴りにも変化が生じたと考えられる。また，何より問題解決に向けて努力しようとするAさんの姿は尊敬に値するものであり，Aさんのリソースであった。

　さらに，Aさんの周りには，母親や担任の先生，SCなど，困っていることを話せる相手がいたこともリソースであった。だからこそ薬の服用のみで日常生活に支障がない程度にまで症状をおさえることができたのかもしれない。

　この原稿を書きながら思い出したのだが，高校生のときの文化祭で，友人が中心となって考えた有志企画に「ほめ屋」というものがあった。お客さんとして来てくれた人のありとあらゆるところをほめまくるという企画だった。筆者もほめる側として参加しており，なんとかほめられるところはないかと，お客さんの頭のてっぺんから爪先にいたるまでくまなく観察し，相手に喜んでもらうにはどう言ったらいいか考えながらほめどころを伝えていた。思えば，あのときやっていたことは今，筆者が学校現場で実践しているブリーフ

セラピーと通ずるものがある。「ほめ屋」を訪れたお客さんの嬉しそうな，照れくさそうな，なんともいえない顔を思い出してにやにやしながら筆をおきたいと思う。

第**5**章

眠たくてすぐに起きられない，
授業も受けられない

Nishida Tatsuya
西田達也

授業観察からみえてくる子どもたちの"解決"

　私は公立中学校で常勤のスクールカウンセラー（SC）として働いているが，まずはあるクラスに授業観察で入らせていただいた際の1コマを紹介したい。事前に私が担任から聞いていたのは，"問題のある生徒たち"についての困りごとであった。その一人にXさんがいたのだが，担任からの事前情報通りに，授業中の大半を眠って過ごしていた。授業中に眠ってしまうことは小学校高学年からみられ始め，思春期になると夜すぐに眠れず，朝の起床も遅くなり，遅刻やたまに欠席してしまうこともあったという。彼女の授業中の態度は教師の立場からすると，授業を軽んじられた気持ちになって，腹立たしく感じてもおかしくない。実際に教師らが注意することもよくあるようだ。しかし彼女の様子を見ていると，授業の大切なところになるとサッと起きて板書を書き写し始めたり，眠っていないときに描いている落書きは非常にユニークなものであった。

　私はこのとき，解決志向アプローチの創始者の一人であるインスーらによって開発されたWOWW（Working on What Works, 教室でうまくいっていることに取り組む）アプローチをもとにした授業への関与を行った。このアプローチは個人や集団の問題ではなく"解決"に着目した視点でもって，子どもや教師，クラスにかかわっていくものである。担任による授業が終わった後で，授業観察をした私から生徒たちにフィードバックを行った。その際の私とXさんのやりとりは次のようなものである。

SC ：授業中に眠っちゃうこともあったけど，最後はかなり集中して黒
　　　板に書いてあることを書き写し，チャイムが鳴っても頑張って最
　　　後まで書こうとしていたよね。それに，この前の授業中に描いて
　　　いた落書き，他の人にはマネできないぐらいに細かく綺麗に描い
　　　ていたよね。

Xさん：え，私……⁉　先生，無理やりほめようとしていませんか？

SC ：いや，本当にいい感じで頑張っていると思ったから，伝えたんだ
　　　よ。それに短い時間であっても，ちゃんとやろうとするのは素敵
　　　なことだと思うな。

　Xさんはモジモジして照れていた。私はこの後，Xさんを自然なかたちで
手伝ってあげようとしていた隣の子についても取り上げたり，Xさんをはじ
めとした「問題を抱えている生徒たち」に対して，最後まで穏やかかつ粘り
強く教えようとしていた担任の先生のかかわりや真摯さについても，クラス
のなかで取り上げていった（また，普通に頑張っている生徒たちについても，
しっかりと全体のなかでフィードバックをした）。中学校ではこの後もいろんな
出来事や機会があったのだが，数ヵ月後にXさんを見かけたときには，授業
中に眠ることはほとんどなく，落書きもあまりしなくなり，普通に授業を受
けることが増えていた。

思春期の子どもにとって「起きられない」とは？

　思春期の子どもたちが朝きちんと起きられなかったり，起きられても授業
中にずっとウトウトし，それではダメだと思って睡眠時間を親子でコントロ
ールしようとしてもうまくいかないといったことは，最近の相談では比較的
多くみられる。最初はどうにかしようと思ったけれどうまくいかず，次第に
ゲームやSNS，ネット動画に没頭し続ける生活に浸ってしまうという子ども
も珍しくはない。

　こうした子どもに対し，何とかして生活リズムを正させようとしたり，眠

れるように薬を処方したりすることはよくあるが、うまくいかないことも多い。そして、「この子はやる気がない」「親のかかわり方に問題がある」「発達障害があるのでは」「スマホが悪い」「ゲーム依存だ」といった見方をされたり、小児科や思春期外来を受診すると「起立性調節障害」と診断されたりすることもある。なお、上記のXさんはこのほとんどのことを教師や医師から指摘されていた。

　こうした指摘は一概に間違いとはいえないものの、子どもの立場からするとどうだろうか？　彼らも本当ならみずからのチカラを十分に発揮し、頑張れるものなら頑張りたいだろう。親もそれなりに努力したが、その子に適した方法でなかったためにうまくいかなかっただけではなかろうか。また、眠れず気力が出ないなかでのスマホやゲームも、没頭しているときにはそれなりに楽しみを得たり、誰かとのつながりを感じたりなど、プラスの面もあるだろう。ひょっとしたら、彼らにとって眠気を感じることそれ自体も、何らかの意味があるのではなかろうか……と、この原稿を書いていて、私自身はあらためて気づかされた。

　「原因」が1つだけで、それが原因であることが科学的に実証されているならば、その原因を取り除くことで対処可能だろう。しかし、こころの領域にまつわる問題の多くは複数の要因が関係し、しかもそれらはいずれも“仮説”にすぎない。原因追求にありがちなのは、他者や社会を悪者にし、クライエントや家族、あるいは担任教師やクラスメートが悪者扱いされてしまうことである。その結果、クライエントを取り囲む人間関係に悪影響を与えかねない。原因を追求しても解決に結びつかないのであれば、原因追求によいことはないか、少なくとも解決に至るまでかなりの時間を要するだろう。

　以下で取り上げるケースはいずれも複数の事例を組み合わせたり、詳細を省略ないし変更した架空のものである。なお、元になっているケースのなかには幼少期から現在に至るまで問題を抱えているケースもある。保護者が「この子の小さい頃の私のかかわり方がよくなかった」などと言われる場合は、保護者や子どもの葛藤に触れ、そうならざるをえなかったということを時間をかけて傾聴し、理解を示すようにしている。それだけ難しい状況下で

あっても子どもと向き合い，家族の抱えている問題を専門家に訴え，解決を模索していること自体が，その人たちのなかにある大きなリソースであるという視点は，常にもち続けている。問題として語られていることのなかには解決につながるヒントも多くあり，解決に至るまでの作業を一緒に検討することが臨床として大切だと考えている。

必要だったのは「診断」ではなく，「前向きの未来像」だったＹ君

　幼少期から家族関係を中心に問題があったとされるＹ君は，小学校時代から学習態度や対人関係について学校からいろいろと指摘されていた。初めは母親も学校からの指摘を真摯に受け取ってＹ君を注意していたが，何度も指摘されることで，次第に母親の態度は硬化し，担任だけでなく管理職にも反発するようになっていた。

　中学校に上がる頃には，Ｙ君は学習に対して無気力・無関心となっており，朝も起きづらく，学校を休むことも珍しくはなくなっていた。こうしたことを母親も問題視しており，家庭でのスマホの利用について話し合ったり，登校を促したり，一緒に勉強しようとしたりと，あれこれ手を尽くしたが，どうもうまくいっていないようであった。

　学校側がＹ君に何度か注意・指導をしたものの改善せず，保護者にSCへの相談を促したところ，冬休みが近づく頃に相談に至った。

　私としては，まずは保護者とだけ会うものと思っていたのだが，母親はＹ君を何とかして連れてきてくれた。しかし当のＹ君はいやいや来たのか，暗い表情をしていた。母親はこうしたＹ君の様子に「問題意識が希薄だ」と不満を感じつつ，とはいえそのＹ君を育てたのが自分だということもあり，複雑な気持ちを抱いていた。私は軽く自己紹介をした後，今日ここに来てくれたことについて尋ねた。当然だが，Ｙ君は不安なのか話そうとせず，母親が今の困り感とこれまでの経緯を話してくれた。

　「小学校からずっとこの子はちゃんと授業を受けず，学校から何度も注意されてきたんです。朝はちゃんと起きられないし，夜も普通の時間に寝よう

とせず，ゲームやスマホばかりになっちゃって……。こうしたことが気になって半年前に小児科に連れていったら，お医者さんからは『起立性調節障害じゃないか』って言われて，薬ももらったんですけど，ほとんど効かなくって，病院に行っても仕方ないかなと思って，行かなくなったんです。でもどうしたらいいのか本当に困っていて，担任の先生に言われて今日相談に来たんですけど……。こういう子って，最近多いんでしょうか？」

　一方のＹ君はずっと手遊びをしつつ視線をそらし，この空間に居づらい様子が顕著であった。私はＹ君が少しでもこうした居づらさを感じなくてもいいようにしたかった。また学校の先生も含めて「悪者」をつくらないようにもしたかった。

　私は母親に，「たしかに家でも学校でも眠りがちな子は他にもいますが，ただ一人ひとりの子どもが違うように，その子たちにとってこうした問題にどんな意味があるかも違うのかもしれません。当然ですが，その子に合った一番いい方法を一緒に考えることが大切ですし，そうした話を今日ここでできたらと思います」と伝えた。そのうえで，Ｙ君について理解することがまず必要なため，彼の「問題以外のこと」，とくに得意なことや強み，家族との関係などを聞いていくことにした。しかしわが子のことでまだ前向きになれない母親は，Ｙ君の悪いところしか言葉にできなかった。

　　母親：ゲームやスマホばかりしてて……勉強もほとんどやらないし，兄妹
　　　　　とケンカすることも多いし……。
　　SC　：ゲームにスマホかぁ……。どんなゲームをしているの？　最近だと，
　　　　　Fortniteをしている子がこの学校でも多いんだけど，Ｙ君は？
　　Ｙ君：……Fortniteは最近あまりやってないです。最近やっているのは
　　　　　Apexとかですけど，知らないですよね……？

　前向きになれないうえに，母親から悪い部分を伝えられたＹ君は不機嫌に応答してきた。

SC ：Apexって３人１組で戦うFPSのオンラインゲームだよね。最近だと有名なYouTuberやアイドルが実況とかもしてるよね。Y君は誰とプレイすることが多いの？

Y君：友だちはFortniteやっている子がほとんどなので，ネットで仲良くなった子とやることが多いですね。

Y君は私がゲームのことを知っていたのが意外だったのか，すぐに打ち解けてゲームやスマホなど趣味のこと，学校での友だち関係のことや好きな科目のことなどを話してくれた。私はY君がこうして普通に話すことができるうえに，今日ここに母親と一緒に来られた背景に家族のよい関係性が存在しているように思えた。さらには，学校の成績はともかくとして，言葉での自己表現等もしっかりできており，幼少期からの親子の情緒的交流もそれなりに適切になされているように思えた。そこで親子の関係性を話題にしてみることにした。

SC ：お母さんだけでなく，Y君も今日ここに来るのが初めてなんだけど，中学生の子がこうして保護者と一緒に来てくれるってそんなに多くないんだ。今日一緒に行ってもいいかなと思えたのって，Y君からみてお母さんにどんな良いところがあるから，そう思えたのかな？

Y君：ん〜，お母さんは仕事で忙しいのに，家のこともしてくれて，自分たち兄妹のこともちゃんとみてくれているし，勉強のこともうるさくはあるけど，自分たちのことを考えようとしてくれているのかなと。

このように話しているY君の様子を見ていたお母さんの目は，当初と違って明らかに嬉しそうであった。そこで私は母親に対してY君の良いところを尋ねてみた。

母親：子どもって，親が気づかなくても，いろいろとみてくれているんですね。Yは兄妹で喧嘩することがあっても，優しいところもあって，

下の子が学校でいじめられていたら，守ってくれたこともあったし。
　　私が忙しいときには家のことをやってくれたりもするんですよね。

　私は親子のこうした良い部分に関心を示しつつ，「今日こうして来てくれ
ましたが，カウンセリングに来てよかったと思えるとしたら，ここでどんな
ことがあったらいいでしょうか？」と尋ねた。

　母親は，今が冬休みだからまだいいものの，学校が始まったらまた朝起き
られなかったり，授業がちゃんと受けられないかもしれないので，こうした
ことが少しでもマシになれば，とのことだった。一方のY君も，眠ってしま
うことは気にしており，「寝てしまうのがマシになったらと自分でも思って
いるんですけど，そんなのってできるんですか？」と尋ねてきた。

　そこで私は，Y君がどんなときに眠らずに済んでいるかについて話を聞い
ていくことにした。すると，どうやら教室に入ってすぐに眠るわけではない
し，授業中眠っていないときもあり，また友だちと遊んでいるときはしっか
りと目を覚ましていることがわかってきた。朝もたまに遅れずに学校に来ら
れているときもあった。もっとも，こうした日は何がどう違っているのかに
ついては，親子ともに「わからない」と言うのみ。しばらく考えてもらって
も親子で顔を見合わせるだけで，「友だちと楽しく過ごせているとき」以外
は結局これといった回答は得られなかった。

　私は「これまで自分でも気になっていることだったし，病院に行っても治
らなかったから，答えることって難しいよね。ところで，もし今こうして気
になっている問題が全部なくなったとしたら，そのときはどんな感じで過ご
していそう？」と尋ねてみた。これについてY君はすぐに，

　「すっげぇ楽しく過ごしてます！」

とイキイキした表情で答えた。問題が解決された際には，朝からすごく調子
がいいだろうこと，学校までの道のりも足が軽く，通学中は眠そうに歩くの
ではなく友だちと楽しく話していること，教室に入って鞄を置いたらクラス
の友だちとゲームのことなどを話していること，授業中は先生の話が理解し
やすくなったり，黒板の字を写していてもそんなに面倒とは思わないこと，

昼休みは教室でぼんやりするのではなく運動場に出てサッカーか何かをしていること……といった連想を次々と広げていた。一方で母親は,彼の問題が解決されたのなら,朝は母親が1回声をかけるだけで自分で起きてくること,ほとんど何も食べずにだるそうに学校に行くのではなく,母親と一緒に食事をし,何か話したり,テレビを一緒に観て過ごせていること,そして,自分も彼に怒ったりすることなく,彼も兄妹で仲良く遊んでいるか,少なくともゲームだけの生活にはならないだろうこと……などを連想していた。

　母子ともに朝の過ごし方について語っていたことから,朝どんな起き方をしているかや,気分よく起きられた際の母子それぞれからみた相手や自分の様子について,私は尋ねてみた。こうした話の展開から,どんなふうに起こしてもらうか,部屋の雰囲気や家族の様子,朝食にどんなものを食べているか,どんなテレビを観て,家族で何を話しているか,家を出るのはどれぐらいの時間か,友だちと合流するのはどのあたりか,などについて,母親と子どものどちらからもいろいろと具体的に話が出てきた。Y君としても,気分よく起きられて時間に余裕もあるなら何か食べていきたかったようで,母親も毎朝は凝ったものを用意はできないが,コーヒーメーカーでコーヒーを淹れたり,BLTサンドぐらいなら作る時間はありそうだとのことだった。

　SCとしては夜の過ごし方なども気になったが,面接時間の1時間を超過してしまったこともあり,Y君と母親の意欲の高さやアイデアをコンプリメントし,朝の過ごし方のことだけを整理して終了とした。そして冬休み明けの3週間後に,経過を聞くために,親子一緒でもいいし母親だけでもいいので,また来てほしい旨を伝えた。

　学校では,次の面談までにすべての問題が解決されたわけではなかったが,いくつかの科目で授業中の態度や提出物のことで明らかな改善がみられた。遅刻についても,担任からの困った声が聞かれなくなっていたので,担任に尋ねてみたところ,Y君はだいたいは遅刻せずに来ているとのことだった。

　次に面談に来たのは母親だけであったが,前回来たときと違ってあっけらかんとし,悩んでいる様子はみられなかった。母親が語るY君の様子も,多

少，親に反抗するぐらいで，朝食の際にコーヒーを毎朝淹れてあげるが，あ
とはY君は自分で菓子パンを食べているとのことだった。家庭での勉強の様
子はイマイチなようだが，塾での取り組みはよくなっており，母親は「冬期
講習の先生が合っていたみたい」と述べていた。こうしたよい変化がみられ
始めたことや，母親も今は前ほどY君の問題が気にならず，また私自身が常
勤のため学校での彼の経過がすぐに把握できることから，次回の面談日程は
設定せず，気になったときにはいつでも連絡してほしいと母親に伝えて，い
ったん終了となった。

　この後，Y君はたまに授業中に寝たり宿題を忘れたりすることはあるもの
の，こうしたことはむしろ珍しいようで，学級活動に熱心に参加していると
いう話も聞こえてきた。

『障害』はむしろリソースだったZさん

　Zさんは，朝起きられなくて学校を休むということはなかったが，遅刻が
多く授業中に寝てしまって，やる気がないように教師からみられており，休
み時間もウトウトしていたり，家でも「眠ろうと思えば何時間でも眠れる」
という子だった。

　三者面談で学校での様子を担任から伝えられ，SCとの相談を案内された
母親は，まず自分だけで相談に行くことにした。相談で母親は，Zさんにつ
いて，家庭でも中学校に入る前ぐらいから眠ることが多くなったこと，心配
になって児童精神科を受診したところ，発達検査を受けることになり，「発
達障害の疑いがある」と指摘されて，集中力が上がる薬と，寝起きがよくな
るという漢方薬を処方されたことを語った。Zさんはこうした診断が不満だ
ったのか，服薬はせず，受診もしなくなり，通院は中断した。母親としては，
娘に少しでもよくなってほしいと思っているが，どうしていいかわからずに
困っていた。

　一方で私は，Zさんの問題についてはわかったものの，彼女の強みやこう
した問題の背景にあるものが何もわからずにいたため，まずは彼女の強みや

得意なこと，関心があることなどを母親に尋ねることにした。母親によると，Ｚさんは VOCALOID の曲が好きで，最近は自分でもアプリを買って歌作りをしようとしていた。また本を読むことが好きで，国語，とくに作文は小学校時代から得意だった。ニュースもよく見ていて，親子で時事問題について話すこともよくあるとのことだった。

　母親が持参してくれた発達検査の結果を見ると，たしかに集中力に偏りがあり，他にも状況理解の苦手さ，授業への取り組みづらさなどが指摘されていた。しかし数値から判断すると，論理的理解や言葉の表現力は高く，感受性も豊かなようにも解釈できた。

　母親の話を聞いた私は，Ｚさんについて問題点はなぜかあまり気にならず，むしろたくさんある強みをどのようにしたら活かせるかについて考えるようになっていた。そこでまず，発達検査の所見が定式的なもので，面白みやＺさんらしさが感じられなかったことから，母親から聞いたＺさんの強みや趣味と，発達検査上の数値を関連づけて説明した。こうした話をしていくうちに，Ｚさんの強みやよい部分が，幼少期の育ちや家族との関係とともに話題になった。母親は今回のような話をするまで，娘の問題が障害ゆえのもので，大人になって軽くなるのを待つしかないと考えていたようだったが，「大人が声をかけないとできないと思っていたんですけど，むしろ声をかければ娘は反抗せずに，頑張ろうとしていたんだって気づきました」と述べた。また学習面についても，注意力不足を過度に指摘するやり方をしなければ，本人の強みを活かせることもわかったようで，Ｚさんについて前向きに考えられるようになっていた。母親は，次の相談のときに娘を連れてきてもよいかと尋ねてから，退室していった。

　２週間後，母親はＺさんと一緒に来室。Ｚさんは病院には行く気をなくしていたが，学校の相談室への来室は抵抗感がなかったようで，本人も眠ってしまう状態を何とかしたいと思っているとのことだった。その日の朝もやや眠かったようだが，今は別に眠たくはないとのこと。

　私はＺさんに，ここ最近ハマっていること，得意なことなどを聞いていき，

彼女の強みを知るとともに，彼女がある程度安心して話せる距離感を作っていった。その後，Ｚさんにみずからの眠ってしまう問題について点数化してもらった。

SC ：眠ってしまうことについて，自分ではもうどうしようもない状態を１点，逆に自分でこの問題をコントロールできるのを10点としたら，今は何点ぐらい？
Ｚさん：５点から６点ぐらいです。

Ｚさんとしては，たしかに眠気はずっとあるが，友だちと遊んでいるときや，部活動のとき，授業で盛り上がっているとき，授業内容が興味深いと思ったときは，全然眠たくならないという。私は発達検査で同じようなプロフィールの人でも，彼女のように考えなかったり，特定のことにしか関心をもちづらい人がいることを知っていたため，「内容が興味深いと思った」ことについて尋ねていくことにした。

「自分で本を読んで考えることは好きだったんですが，学校での勉強ってとにかく覚えるだけとか書くことばっかりで，そうなるといつの間にかウトウトしてしまって……。でも，物事には意味があり，そこに誰かの想いや歴史があることがわかると，そのことがとても面白く感じて，もっと知りたいって思うんです」と彼女は答えた。また，あまり意味を感じないような細かい作業や計算が苦手で，ケアレスミスをしてしまうとのことだった。

「もし今よりも意味が感じられるようになり，ケアレスミスもなくなったら，今とどう違っているかな？」と尋ねると，Ｚさんは２分ほど考え込み，テストの点数が全体的に高くなること，学校でのいろんな活動が今よりも楽しめそうなこと，何よりも「めんどくさい」と思うことが減りそう，とのことだった。この後さらに，「めんどくさい」と思うことがなくなったら，今と何が違い，どんな強みがみえてくるのかについて話を聞いていった。

私はＺさんの発達特性について一般的なことを説明するとともに，「障害がどうとかではなく，人間の誰もが大なり小なりもっている特性であって，

その特性をどう活かせるかが大切だと思う」と伝え，さらに，同じような発達特性をもっていそうな著名人について取り上げるなどのノーマライゼーションを行い，Ｚさんの論理性や感受性の強さ，物事の考え方をコンプリメントしていった。すると彼女は，「どうすればもっと集中できるようになりますか？」と聞いてきた。私は短期間で効果が期待できる服薬と，短時間だが毎日やるような訓練的なもののどちらがいいかを尋ねたところ，彼女は即座に服薬を選んだ。この後，病院の再受診の話をして終了となり，中間試験が終わる１ヵ月半後に経過を聞くという流れになった。

この間，私は彼女が苦手に感じている教科の先生と雑談をしながらＺさんの強みについて話し，テストの点数からは想像できないような考え方をしていることなどを伝えてみた。意外にその先生も，彼女がそれほど勉強ができない子とは思っていなかったようで，ニコニコと私の話を聞いてくれた。また担任の先生には，担任としてのやりづらさを聞いていくとともに，Ｚさんと担任の先生との関係性についてプラスの視点から理解を示すような話をしていった（一方で，Ｚさんについてマイナスイメージが払拭できない先生もいた）。

次の面接では中間試験の結果が報告され，得意でも苦手でもない科目はほとんど変化していなかったが，苦手と感じていた科目はケアレスミスが減るだけでなく，日頃の取り組みそのものがどうやら変わったようで，点数が全般的に上がっていたことが母親の話からわかった。Ｚさんの取り組みによるものか，服薬の効果か，先生方の配慮や視点の変化か，あるいはそれらすべてが有効に作用したのかは定かでないが，主訴である眠気についてはその対応策を一切話すことなく，主訴の解決，さらには現実適応の改善がみられた。

まとめ

相談場面では，基本的にはこちらが何らかの解決を押しつけたりすることはなく，何らかの技法を実施することが前提でもない。相談関係のなかで，クライエントにいろんな気づきやこころの余裕がみられだすと，彼ら自身が前向きな未来像を考えやすくなり，視座が変わることで気持ちも切り替わり，

みずから解決のための具体的な行動を考えられるようになっていく。

　支援者は「この家庭は難しいから」「学校ではこうしたケースは扱わない」「医療との連携が大切だ」などと考える前に，どれだけ相手のリソースを引き出せるか，いかにしてクライエントの変化を後押しできるか，が大切であって，そこでは本当の意味での人間に対する信頼感が試されている。支援者は，診断名や表面的にしかみえていない家庭状況から支援方針を決めつけず，クライエントの症状のなかにあるかもしれない意味や本当に求めているものに想いをはせたり治療に活かしていくことが必要である。インスーらも述べているように，「子ども自身の意見やゴールを明確に言うのを許されないことは，結果として協調を失い，治療にとって百害あって一利なし」なのである。

　今回は心身の症状についての事例だったが，常勤職のSCとして解決志向アプローチを幅広く活用することで，いじめや不登校，荒れた学級等の問題についても即時的かつ効果的な対応が可能であると実感している。

［文　献］

インスー・キム・バーグ，イボンヌ・ドラン（長谷川啓三監訳）『解決の物語―希望がふくらむ臨床事例集』金剛出版，2003年

ピーター・ディヤング，インスー・キム・バーグ（桐田弘江，住谷祐子，玉真慎子訳）『解決のための面接技法 第4版―ソリューション・フォーカストアプローチの手引き』金剛出版，2016年

黒沢幸子，渡辺友香『解決志向のクラスづくり完全マニュアル―チーム学校，みんなで目指す最高のクラス！』ほんの森出版，2017年

坂本真佐哉，黒沢幸子編『不登校・ひきこもりに効く ブリーフセラピー』日本評論社，2016年

森俊夫『"問題行動の意味"にこだわるより "解決志向"で行こう』ほんの森出版，2001年

第6章

過敏性腸症候群のスクールカウンセリング
——来談しない生徒と「未成年の主張」

Oishi Naoko
大石直子

はじめに

「学校臨床あるある」，肝心の生徒は相談に来ない。

今回取り上げる事例は，筆者がスクールカウンセラー（SC）として初めて赴いた学校での話である。それまでの筆者は，心療内科や精神科，大学病院やクリニックなど，実践経験のほぼすべてが医療機関であった。そんな筆者にとって，「過敏性腸症候群の生徒が登校できず困っている」にもかかわらず「本人が相談に行くのを拒んでいる」という相談は新鮮だった。医療機関ならば，通常は，（家族からの相談もないわけではないが）患者本人の来院からかかわりが始まるからだ。家族療法は「本人を変えるのではなく家族システムを変えるものである」ことはもちろんわかっていたが，それでもやはり，学校臨床に初めて取り組む身にとって，このことはなかなかのプレッシャーだった（以下の記述は実際の事例をもとにしているが，個人情報保護の観点から適宜変更を加えている）。

事例の概要

筆者が勤務する中学校は私立で，全国的にも進学校と位置づけられている。毎日の学習量が非常に多く，保護者は教育熱心な方が多い。

ある日，A君（中学2年生）の担任から「相談に乗っていただきたい家族がいます。お母様がカウンセリングを希望しています」とメールが届いた。

「どのような生徒なのかご説明します」という前置きの後に書かれていた内容は，以下のようなものだった（メールでやりとりをする場合，個人情報は含まないルールになっている）。

　成績は中程度。中1のときは欠席の目立つ生徒ではなかった。中2になり腹痛でたびたび学校を休むようになった。かかりつけ内科で過敏性腸症候群と言われた。

　大人しい性格だが，時折，友人関係でわがままなところがみられ，トラブルになる。

　また嘘をつくことがあり，教員への説明と親への説明にズレが生じる。

　ゲームが大好きで，とくに休校期間中（新型コロナ流行による緊急事態宣言中）にひどくなった。

　母親は，カウンセリングを希望する理由が2点あると言っている。

　①トイレにこもり連絡をしない癖がある：朝，家を出たが登校せず行方不明になり，担任が授業の合間に学校付近を探すということが何度かあった。母親が警察に捜索願を出す騒ぎになったこともある。

　②親に嘘をつきゲームセンターに行った：「図書館に行く」と言って外出し，実は他県のゲームセンターに行っていたことがあった。しかも母親の財布から勝手にお金を抜いていた（ゲームばかりで勉強に身が入らないので，母親が直前にゲーム機を没収していた）。

　この担任は，筆者のみるところ学校内でも1，2を争うほど誠実で熱心な教員である。保護者に対しては非常にマメで，生徒に対しては常にあたたかな眼差しを向け，ほめるときはしっかりほめ，叱らず諭すタイプだ。今回の筆者への相談メールも，とても丁寧に生徒や家族の情報がまとめられていた。しかし，いつになく「困った感じ」がにじんでいた。

　A君の母親は会社員。A君には姉が一人おり，父親は単身赴任のため別居中だという。A君がカウンセリングを拒むため，担任は母親にカウンセリングを勧め，筆者と母親のカウンセリングがスタートした。

カウンセラーへの相談

　先のメールは，「子どもが学校に行けなくて困っている」母親と，「生徒が登校しなくて困っている」担任が，「お腹が痛くて学校に行けない」だけでなく成績低迷・ゲーム依存・嘘をつく・行方不明になる・友人関係などたくさんの「問題」を根拠に，「いかに子育てに困っているか」「いかに指導に困っているか」を懸命に説明している。言い換えると，担任と母親は，そうすることによって「SCに相談することの正当性」を訴えていた。担任が熱心で誠実であればあるほど，保護者が熱心で子どもへの愛情や責任感が強ければ強いほど，そうなりやすいものである。

　生徒を知っている教員や保護者の訴えは，本人に直接会っていないカウンセラーにとっては強い影響力をもちやすいかもしれない。しかし非常に重要なのは，これらは実は「数多くある“ものの見方”の1つ」にすぎないということである。SCは教員や保護者の認識をいったんしっかり聴かせてもらうが，それはあくまでも教員や保護者が語るいわば「物語」と受け止め，揺るぎない事実であるとは考えない。代わりにこんなことを考えたりする。たとえばA君が同じ状況を親友に相談するとしたら，どう語るだろう？　それがもし担任や保護者の話と食い違っていたら，どちらかが「嘘をついている」ことになるのだろうか？

初回面接

　担任にカウンセリングを勧められ，母親はさっそく面接室を訪れた。母親はSCの言葉をノートに取りながら，懸命に耳を傾けている。「うちの子は異常だろうか」「スマホをどこまで制限すべきか」「腹痛のことをかかりつけ内科ではなく専門的な心療内科に相談したいが，Aが嫌がる」「カウンセリングも嫌がる」など，A君の行動に非常にイライラしている様子で，見るからに焦っていた。

母親：「学校に行きたくない」とは言わないんです。「行かなきゃ」と言うので学校まで送っていったんです。でもその後，「結局登校できず引き返した」とメールが届いてがっかりしました。そもそも顔面蒼白で，行ける様子ではなかったんです。「送ってあげたのに帰ってくるくらいなら，初めから『行かない』と言って」と叱ってしまいました。このようなとき，もし「学校を休む」と言ったら，認めていいんですか？

この母親の言葉を整理すると，以下のようになる。

A君：「『学校に行かなきゃ』と言った」「『結局登校できず引き返した』とメールをした」
母親：「学校まで送った」「叱った」

これらはいずれも「客観的事実」である。しかしそこには，次のような母親側の「こころの動き」が隠れている。

「顔面蒼白で学校に行ける様子ではない，ほんとに行けるのかな」
「出勤前で忙しいけど，私が少し無理をすれば学校まで送ってやることができる」
「初めから『行かない』と言えば，送る時間を割かずにすんだのに」

この母親のこころの動きが，実際にあった出来事の間をつなぎ，「『行かなきゃ』と言うので忙しいけど無理して送ったが，結局帰ってきた。行ける雰囲気じゃないと思ったが予想通りだった。『それなら最初からそう言って』と腹が立つ」という「母親のA君への認識」ができあがっていた。
　しかし実際は，A君の側にもいくつものこころの動きがあるはずだ。たとえば「授業中にお腹が痛くなったらどうしよう」「宿題を出せないのに学校に行ったら叱られるに決まってる」「学校で叱られるくらいなら家にいた

い」「行ったところで友だちがいない」「家で宿題をすませて翌日登校したほうがいいんじゃないかと迷いが生まれた」「駄目だと言われたゲームを，母親の留守中ならこっそりできるかもと思いついてしまった」「車で送ると言われたら今さら断れない」など，いろいろと考えられる。

　これらは親の側からは見えにくく，多くの場合，子どもが親に隠しているものでもある。なぜなら子どもの主張は，とくに「できない話・やらない話」のとき，親にはたいてい「甘え」「言い訳」「逃げ」「開き直り」などに聞こえ，「それはあなたが悪いでしょう」と言われることが予想されるからだ。しかし，そこを反論せずに聞いてみたらどんなことが起こるのだろう。今までになかったことが起こってくる可能性がある。

　大人側から見て，腹が立ったりあきれたりする度合いが大きいほど，子どもらしい主張だと考えることができる。一方子どもは，「この人は話を聞いてくれるな」「叱られると思ったが叱られなかった，言わせてくれた」と感じることができれば，思い切ったことも話しやすくなる。それをさらにしっかり聞いてみると，「本人の問題は何に影響を受けているのか」「本当はどうありたいのか」などがわかり，支援のポイントが見えるかもしれない。筆者はそう考えた。

　このことを筆者はよく，昔人気のあったテレビ番組の看板コーナーにちなんで「未成年の主張」と名づけて保護者に説明する。それは生徒が，校舎の屋上から全校生徒に向かって，日常のちょっとした不満（「小遣い増やしてくれ！」など），親や先生への謝罪（「あのときの風邪は仮病です，ゴメンなさい！」など），時には好きな子への公開告白などを絶叫し，思いの丈をぶつけるというものだった。聞いている側としては訳のわからないものや反応に困るものもあるが，とにかく笑って受け入れるというのがお約束だった。

　母親：夫にもよく「Aを責めすぎている。Aは何も言えなくなっていると
　　　　思う」と責められるんです。たしかにそうかもしれないと思います。
　　　　「嫌なら前もって勉強しないと」「逃げるとあなたがどんどんつらく
　　　　なるよ」といつも言ってます。

SC ：仮にA君が何でも言えるとしたら，どんなことを言うんでしょうね？

母親：言うとしても「数学のテストが嫌」とか……結局甘えて逃げてるんですよね。そもそも，嫌でも学校は毎日行くのが当たり前でしょう？　だから前もって準備を……。

SC ：「未成年の主張」は未熟なものです。大人の基準で評価せず，いったんしっかり聴いてきてほしいんです。A君がどういう「未成年の主張」をしてくれるのか，次回の面談で私に教えてくれませんか？

母親：でも，それでもし「学校に行きたくない」と言われたり休んだりしたら，どうしたらいいんですか？

SC ：「そんなに行きたくないんやねえ」と苦笑いでいいですよ。それに対してお母さんが何かをしようとする必要はなく，ここでは「言わせてやる」ことがミッションです。

母親：言わせてやって，「そうなんだね」って受け止めてあげたらいいんですね……わかりました。（メモを取る）

初回面接後のメールのやりとり

　母親は従ってくれたものの，釈然としなかったようで，何度かメールで相談してきた。

メール#1（初回面接＋1週間）

母親：家を出ましたが，途中で引き返してきました。Aはやはり逃げているようで，「英語のテストがあるから」「体育が寒くて嫌だったから」と言っています。以前なら叱っていたと思います。でも「そうか，それが嫌だったんだね」にとどめました。これでよかったんでしょうか。

SC ：大変複雑なお気持ちだったと思いますが，よく落ち着いて対応くださったと思います。そんな理由……と思ったかもしれませんが，

「英語のテスト」「真冬の体育」などＡ君の言葉を引き出すことができたお母様の対応はお見事です。今はそれが大切で，それで充分です。

メール#2（メール#1＋10日）

母親：今日は数学のテストがあると言っていたので，内心「行けるかな」と不安でした。普通に朝食を食べ，いつも通りに送り出したのですが，「行ってきます」の声が暗いのが気になっていました。やはりしばらくたって「今コンビニのトイレ」とメールがきました。「どうする？」と聞いたら，「休みたい」と。「腹痛は仕方ないよね」と休ませることにしましたが，正直言って甘えている気もします。休ませてよかったのか不安です。

SC ：甘やかしているように感じられるかもしれませんが，今は「安心してSOSを出せる」状態を目指すのが良いと思います。行ったふりをして行方不明になるより，はるかに前進していると思います。それにしても，やはりお母様はＡ君のことをよくわかっています。不安が的中したわけですね。不安が湧いてきたそのときに２人でシェアできるようになると，より良いでしょうね。「行ってきます，の声がちょっと暗いなって気になってたんだよ。そのときに声をかけてあげればよかったね」などと言ってみてください。

母親は半信半疑の様子だったが，取り組みを続けてくれた。SCは「そもそも苦手科目のテストや真冬の体育なんて，前向きになれないのが普通だと思いませんか」などと言いながら母親を支えた。

数ヵ月経過する頃，母親の言葉に変化がみられるようになってきた。

メール#3（メール#1＋4ヵ月）

母親：Ａと話していると，やはり学業面での不安があるようです。真面目に塾に行っているのですが，その後の自学習が足りなくて，うまく

結果が出ないように思います。「学校でものんびりしたい」と言います。追い詰められているんでしょうか……。今はクラスでも居づらくて，休み時間はトイレにこもったりしているそうです。とにかくトイレはやめて，少し勇気を出して話してみることを勧めました。一進一退でこちらも挫けそうになりますが，今が踏ん張り時と思います。頑張ります。

SC ：真面目に頑張っているのに思うように結果が出ず，不安そうなんですね。一方で他の生徒は結果が出ているように見えているとしたら，自分はどうやってもダメなのではないかと自信がなくなっていく気持ちはよくわかります。「学校でものんびりしたい」には，「そうしたらいい」と声をかけられてはいかがでしょうか。トイレにこもるのも1つの選択ですが，寝たふりをするなど人に気づかれず10分の休憩をやり過ごす方法はそれなりにあります。勇気を出して誰かに向かっていくだけが解決でもないので，負担の少なそうなことをいろいろ試してみるといいと思います。お母様もよくA君の言葉に耳を傾けています。続けていきましょう。

　母親とA君の対話が増え，母親はA君がどのようなことを嫌がり悩んでいるのかよく観察できている。それに伴い，母親の「A君への認識」は，「甘え」「逃げ」から，「真面目に頑張っているのに結果が出ない」「追い詰められてのびのびできない」へと変化し，母親がA君の立場で対処法を考えようとし始めたことがよく伝わる。実際，この経過に伴って登校状況は改善し，週に1度程度欠席や遅刻をすることはあるものの，「行方不明」は消失した。

母親の変化

　ところで，「未成年の主張」にはネガティブな話だけでなく，ポジティブなものもある。A君はコンピュータに関心が強く，組み立てPCを欲しがっていた。

母親：自分でパーツを検討しては見積もりを依頼し，「理想の部屋（ゲーミングチェアやコントローラーなどを装備）」を私に連日意気揚々とプレゼンテーションするんです（苦笑）。

SC ：意気揚々と話すのは，自信のある話題だから。「いいね！　すごいね！」と関心を寄せながら，たくさん話を聞いたらいいですよ。

母親：そういえば最近はクラスの子の話や学校の話もよくしてくれるようになりました。

SC ：コミュニケーションが活発になり，A君の話をよく聞いてあげられているということですね。

　実は，カウンセリングの途中経過でいくつかの「事件」が起こった。しかし母親がしっかり「未成年の主張」に耳を傾けられるようになると，問題が起こってもその後の展開が変わってくる。

事件①（初回面接＋1ヵ月）

　A君が「友だちと遊びにいく」と言って，こっそり他県のゲームセンターに行っていたことが発覚した。コロナ禍で緊急事態宣言中だったため，両親は問題視した。

　母親によると，「理由を尋ねたら，『別にそこに行きたいわけじゃない。オンラインで友人になった高校生とチャットがしたかったけど家にPCがないから，そこに行くしかなかった，格安で中学生でも入れる』と釈明してきました」とのことだった。母親はさらに，その友人は他県在住で共通の趣味があり，A君が楽しく付き合えるということ，共通の趣味をもつ人なら小学校時代の友人もいるが，家が厳しくなかなか一緒に遊べないのだということをA君から聞いていた。

　両親としては当初，嘘をついたこと，緊急事態宣言中に勝手に他県に遊びにいったことを叱ろうとしたが，母親はA君の言い分を聞いて，コロナ禍でのストレス・学校の友だち関係がうまくいかないなかで学外にいる友だちと楽しく遊びたい気持ちを察し，嘘をつかざるを得なかったA君をむしろ可哀

想に思い，怒りがやわらいだという。このとき父親は「そうじゃなく，こうすればよかったのに」と母親の対処やA君の考え方を責めたそうだが，母親は「Aの気持ちを認めてあげなきゃ」と反論したという。

「A君の言い分をよく聞けています。そうやって味方してくれたこと，A君は嬉しかったはずですよ。『認めてほしい』はA君が今一番言いたい言葉だと思います」というSCの言葉を，母親は涙ぐみながら聞いていた。

事件②（初回面接＋8ヵ月）

> 母親：Aから預かっていたお小遣いを渡そうとしたら，3000円ほど減っていました。Aがみるみる顔面蒼白になって，「今月限定でどうしても課金したいゲームがあってこっそり使った……」と言うので，「もともと君のお金じゃん，それより，使うんなら事前に言ってよ」と許容しました。

事件③（初回面接＋8ヵ月）

> 母親：ゲーム，禁止するから隠れてやるようになるんだと思いました。コロナ禍で外出もろくにできず，ある程度仕方ないと思うようにしています。1日1時間と決めているけど，終わり時になるとAが「あと5分！」と言うんです。そういうときは「お父さんに隠れてこっそりね」と許しています。盛り上がっているときにやめさせようとするから反発するんだと思いました。
>
> SC　：カラオケで「あと5分」と言われると，つい慌てて「1時間延長！」と言っちゃうようなものですね。
>
> 母親：本当にそれ！　大人でもそう。「やめなさい」と言わず，ちょっとした手伝いを頼むことにしたんです。風呂掃除とか買い物。そうすると意外にあっさりスマホから離れて手伝ってくれるとわかりました。

母親の対応がかなり柔軟になっていることがよくわかる。

ちなみに，来談当初はＡ君をめぐる対応が父母間で対立しがちであった。子育てがワンオペ状態の母親から報告（多くはネガティブな内容）を受けると，単身赴任中の父親が原因探しをしたり母親やＡ君を責めたりということが起こりがちだった。しかし面接の経過に伴い，Ａ君への対処について母親が父親を説得する機会が増え，何度か母親が父親を伴って来談するようになった。詳細は割愛するが，やはり父親は父親で遠くから家族を心配し，「母親の対応がＡ君の自信のなさや苦手意識を生んでいる」と認識していたからこそ，母親の対応を批判しがちになっていたことがわかった。幾度かの合同面接で対話を重ね，次第に父母の足並みが揃っていった。

スクールカウンセラーが「症状」を相談されたら

ところで，ＳＣは「病気」や「症状」の話題は取り扱わないものなのだろうか。

実際にはＳＣの立場でも，症状への対処などについて助言を求められることがある。ＳＣのもつ医学的知識の範囲内で助言をすることもあるものの，医療機関での助言と学校での助言は目的が違うと筆者は考えている。

今回の事例では，食生活を聴取すると，過敏性腸症候群に不向きの食材が数多く使用されていることがわかった。とくにコロナ禍に入ってから，Ａ君は，便秘がちの母親と姉に合わせて同じ食事をとるようになっていた。そこで，食生活改善について，「対象となる食材はかなり多い。一方的に母親が決めず，必ずＡ君と話し合って『我慢できる』とＡ君が申告したものから減らしてください」と助言を行った。

筆者の助言を受けて，母親はＡ君と話し合った。するとＡ君は真っ先に大好きだったある果物を断ったので，母親は驚いた（ここでは果物だったが，個人によって効果のある食材は異なる）。実際に朝の下痢がかなり改善し，Ａ君は進んでその制限を続けるようになった。調子がすぐれない日があると，前日の食事を母子で振り返り，翌日以降の朝食や学校に持参する弁当の内容を２人で工夫した。大好きだった果物は，週末など学校生活に影響の出にくい

日に「ご褒美」として出すようにした。結果的に翌日腹痛が起きても，母親がA君を責めることはなくなっていった。母親は「本当にAが困っていて，治したかったんだということがよくわかりました。逃げたくて『お腹が痛い』と言っているんじゃなかった」と話した。

この助言は，食生活の改善そのものが目的ではない。食生活の話題を通じて「A君が本当に困っていて，なんとかしたいと思っている」「積極的に改善しようとしている」という側面を引き出し，さらに「母親と子どもが一緒に作戦を立てて取り組む」という文脈を作り出すことが一番の目的である。このときもしSCが心療内科の受診だけを促したならば，母親はA君を心療内科に送り届けて，A君は通院し出された薬を飲むかもしれないが，母親から見た「A君の甘え／逃げ」「結局A君が変わるしかない」という認識を変えることはできず，「A君が積極的に改善しようとしている」「母親にもできることがある」という側面を母親が見つけられない可能性があった。もちろん，保護者との関係性改善を視野に入れて丁寧に治療を行ってくれる心療内科もたくさんある。しかし，SCの支援の最も重要な目的は，支障の出ている学校生活を改善していくことである。そのため，①A君の体調の改善，②母親との関係性の改善だけではなく，③学校との関係性の改善，つまり，①②の経緯や成果を担任ほか教員と共有し，母子と学校をつないでいくことが大切な支援となる。

この一連の面談には担任も同席していた。この経過を担任も目の当たりにしたので，A君の遅刻や欠席に対する担任の解釈もまた変化した。母親からも担任からも，「逃げ」「さぼり」という言葉は次第に聞かれなくなっていった。

「解決」の主導権を，本人に

母子の対話が豊かになると，学習面や生活リズム管理の主導権が少しずつA君に移っていった。

①学習面（初回面接＋6ヵ月）

　期末テストを終えたが，A君は「自分なりにやっているのに結果が出ない」と不全感を抱いているという。母親とA君で話し合いがなされたそうなので，具体的なやりとりを尋ねた。すると，「自学習，何時間できる？」との母親の問いかけに対し，A君は「30分……」と答えたという。母親が「たった30分では今までの遅れは取り戻せないよ，それに集中力には波がある」と言って話し合いが始まった。最終的にA君が，「その日の授業の振り返りを20分ずつやる」と目標設定したという。

　　母親：本人が考えたので無理なく目標を達成できていて，達成した後は気
　　　　　持ちよさそうにゲームをしています。
　　SC　：その交渉はとてもうまいと思う！　20分に短縮したようで，実際は
　　　　　5科目に拡張してますね！
　　母親：でも，これでは足りないんじゃないかと内心思うんです。
　　SC　：いえ，それでよかったと思います。A君にとっては「足りない」と
　　　　　言われて増やした時間は「やらされた」時間になり，その後おそら
　　　　　く「勉強やらされたからゲームさせろ」という展開になります。
　　　　　「働いた後のビールは旨い」と「これだけ働かせたからビール飲ま
　　　　　せろ」は全然違うでしょう？
　　母親：たしかにそうですね！　働いた後のビールは旨い！　そのためには
　　　　　定時で帰ろうと思って短い時間で集中しますよね。本人のやり方を
　　　　　否定しないというのは大事ですね！

②生活リズム面（初回面接＋10ヵ月）

　A君が母親に「授業中に異様に居眠りしてしまう」と相談し，母子は作戦を考えた。

　母親はA君に「中学生の理想の睡眠時間」を調べてもらい，そのうえでA君自身が就寝時間を決め，その1時間前からはスマホを触らないというルールを決めた。1週間試すと授業中の居眠りが劇的に改善したそうで，A君も

積極的に取り組むようになり，最近は就寝1時間前になると自発的にスマホを手放すようになった。その後の学期末テストでは成績が上がり，母子ともに喜んだ。

現在も腹痛は時々起こり，欠席することがある。しかし学校生活に大きな影響はなくなり，いつの間にか友人関係が充実し楽しめるようになった。今では「テスト1週間前だからゲームは断つ」と言って，A君みずからゲームから離れている。母親が「1時間くらいゲームをやって，気持ちよく勉強したら？」と声をかけてみることもあるそうだが，「1時間では止まらないから，最初から控える」と断るようになったという。

考　察

学校現場で問題が起こると，教員も親もそれぞれの視点で生徒本人を問題視する。そしてそのようなとき，生徒本人はたいていカウンセリングに来ない。それは無理もない話である。「何かと『お腹が痛い』と言って学校に来ない自分は悪者にされている」というように考えるからである。

もし，生徒自身がカウンセリングに来たならば，通常はカウンセラーが本人の話を聴き，教員や親の目の前で本人のリソースを引き出そうとするだろう。しかしそうすると，その場では教員や親は本人のリソースを認めるかもしれないが，面接室を出るや否や，親が子どもを叱り始めてしまう可能性もある。つまり，カウンセラーが直接働きかけて本人のリソースを教員や親に提示することは，「解決」が面接室内にとどまってしまうリスクがあるのだ。

本事例では，生徒本人が面接に来ないので，SCは母親にカウンセラーの役割を託した。カウンセラーに代わって本人の言葉を聴くにつれ，母親は，子どもの悩みや考え，主体性を引き出せるようになっていった。そして母親や教員の本人への理解が次第に変化し，母親は子どもを肯定し応援できるようになった。時々迷いを見せる母親に，SCはただ母親の子どもに対する肯定的な理解を強化した。

言うまでもなく，面接室を離れても家族が「解決」状態を維持できることが大切である。そのためには本人の来談は必ずしも必要でなく，カウンセラーが本人に直接働きかける必要もない。ただ家族の対話の質を高めることが大切なのだと筆者は考えている。

［文　献］
（1）伊藤克人監修『いちばんわかりやすい過敏性腸症候群―もう悩まない！おなかの
　　　不調との付き合い方』河出書房新社，2020年

第2部
医療編

Medical Field

第 7 章

起立性調節障害
——システムズアプローチ風

Yoshida Kobei
吉田幸平

はじめに

　「起立性調節障害（Orthostatic Dysregulation：OD）」は，比較的歴史の浅い，かつ多くの思春期児童・生徒が悩まされている障害である。その疾患名の通り，起立に伴い循環動態を変化させる生体機能の障害であり，その病態の主要因は自律神経系の機能異常である[1]。本来なら体位変化に伴って生じるはずの心拍や血管などの循環器の適応が機能せず，結果として起立時にめまいやふらつきといった症状が発生する。自律神経機能の障害であることから心身症の１つと位置づけられており，心理社会的ストレスの関与は強いと考えられている[2]。図7-1は小児科診療ガイドラインに掲載されている治療的対応の組み合わせである。この図からも読み取れる通り，Bio-Psycho-Social（生物・心理・社会）の領域にまたがる障害である。図7-1では，心理療法は身体症状が重篤かつ心理社会的な要因の関与が疑われる場合の選択とされている。

　さて，本章の副題にあげた通り，筆者は（自覚的には）システムズアプローチの枠組みで物事を捉えている。システムズアプローチでは組織や個人間で交わされるやりとりや連続体（システム），個人内の思考や意味づけ（枠組み）などを介入対象として捉える[3]。またシステムズアプローチでは，システムに変化を与えるとその上位システムにも影響が波及すると考える。図7-1のガイドラインに落とし込んでみると，③⑤⑥が連動していると捉えることになる（厳密には身体もシステムなのですべて連動していることになるが，ここでは割愛する）。

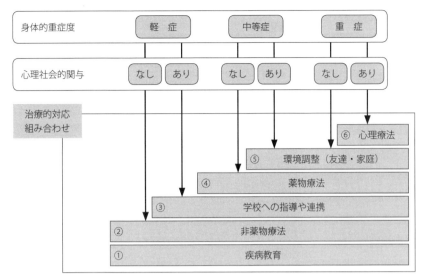

図7-1 重症度・心理社会的関与に応じた治療的対応の組み合わせ（文献2）

　本章では，軽〜中等症のOD患者に対し，本人と母親へのカウンセリングを行い奏功した事例を報告する。なお，紹介する男児と両親には公表の承諾をいただいているが，匿名性確保と大阪弁特有のフランクさを修正するため一部改変している。

事例の概要

　13歳男児，A君は，体育の授業の後，ふらつきとめまいの症状が出現したことをきっかけに登校しづらくなり，筆者が在籍している総合病院の小児科を受診することとなった。医師は主症状，心電図検査での異常がなかったこと，起立時の頻脈からODと診断した。医師がストレス状況を確認した際に，母親より「この子はいじられやすい性格なんです。ストレスなんだと思う」という発言があった。学校での友人関係の問題ならば心理療法が適切だろうと説明がなされたうえで，医師から筆者に依頼があった。紹介状にも，身体症状に対する医師の処方よりも，心理社会的要因への介入が重要だと思われ

る旨が記載されていた。

　紹介された段階で，すでに器質的疾患の除外が行われており，A君と母親には症状と精神面の関連に対してある程度の理解はあると予想された。

初回面接

　A君は母親と一緒に面談室を訪れた。筆者が面談を行っている「心理療法室」は奥まったところにあるのだが，まずは母親が覗き込むように声をかけてこられた。筆者が挨拶をしようと部屋を出ると，母親の後ろにA君が立っていた。A君は同年代の児童と比べて背が高くがっしりしており，日に焼けた肌は健康的に見えた。しかし猫背で上目遣いにこちらを見てくる様子に筆者はギャップを感じた。筆者が入室を促すと，母親が率先して入室し，続いてA君が入室した。A君は母親に促されるように座った（以下，Thは筆者）。

　　Th　：改めまして，心理士の吉田です。今日はよろしくお願いします。
　　母親：よろしくお願いします。
　　A君：……お願いします。

　今回の来談の経緯についてうかがうと，母親は眉をひそめながら，A君の症状やそれにまつわる困りごとを話された。幼少期から緊張する場面では頭痛と嘔吐が出現することがあったこと，高学年になってめまいやふらつきの症状が数度あったこと，ストレスで動悸もあったこと，今回ふらつきが出てからは学校に行けない日があり母親として気がかりであること，病院の受診前に母親は知人から「心臓が悪くないとしたら，ストレスが原因なのではないか」と指摘され，思い当たる節があるとのことであった。母親が説明している間，A君はうつむいたり，母親のほうを見てはまた視線を戻したりと落ち着かない様子であった。筆者がA君に何度か視線を送ると，A君は萎縮しながらも笑顔で返してくれた。

Th ：なるほど。今回も心機能の検査で大丈夫だったんですものね。スト
　　レスと言いますと，今回のことも気がかりですし，症状が出てきた
　　ときでいうと5年生頃のことも気になるのですが，お聞きしてもい
　　いですか？

母親：ええ，かまいません。この子，昔からいじられキャラで。

A君：……。（胸に手を当てる）

母親：小さいときから周りの子にからかわれてもじっとしていて，習いご
　　との先生からも「この子の性格がいじられやすさの原因になってい
　　る。大きくなったときに気にかけてあげてください」と言われてい
　　たんです。実際，同じ習いごとの子からからかわれたり，小学校の
　　友だちに体型とかでいじられたりして。4年生で一気に身長が伸び
　　て，そのあたりから少しましになったみたいですけど，逆にふらつ
　　きが出てきて。

A君：……。（視線下に，胸を指でタッピング）

母親：ちょっと，自分で話したら？　学校のこと，私はよくわからないし，
　　先生に話を聞いてもらったらいいんじゃない？　話しやすそうだし，
　　私，出ておこうか。

Th ：お母さん，それは……。A君はどうだろう。

A君：わかった。ちょっと出てて。

Th ：いいんですか。では，少しだけ2人で話させてもらって。

　　母親はここで一度退席された。筆者としては母親に流れをコントロールさ
れていることも考えたが，先ほどから気になっていた点を確認することもで
きると考え，お言葉に甘えることとした。

Th ：改めまして，2人で話すのは大丈夫ですか？

A君：はい，大丈夫です。

Th ：ありがとうございます。先ほどからお母さんが「いじられキャラ」
　　というふうにおっしゃっていたと思うんですが，A君にとってはど

んなふうに感じられているんでしょう。

A君：昔から，ちょっかいをかけられるとかはあったんです。でも別に大丈夫だったというか。でも，中学になって言い返さなかったら，どんどん何を言ってもいいだろうという雰囲気になってしまって。部活に入って，体臭のこととかいじられ始めて，制汗スプレーを吹きかけられて笑われたり。別にいじめとかじゃないと思うんですが。

Th ：なるほどなぁ。それって部活のみんながそんなふうに振る舞ってくるんですか？

A君：いいえ，特定の子たちだけです。

　その後少しの間「いじられキャラ」についての話題を続けたが，筆者との二者関係のなかで「いじられキャラ」の話題を出しても，A君は回避的な様子はなく，胸に手を当てるなどの動作はなくなっていた。筆者は母親を呼び戻し，話を進めることにした。

　この段階で，筆者の立てた仮説は，「家族を含む周囲からの『いじられキャラ』言説によって，本人がその役割をせざるを得ない状況にある」「身体症状が出ることで，その文脈は強化され，A君の自己評価の低下につながっている」というものであった。とくに家族からの言葉となれば，強い影響力をもつのだろう。母親が「いじられキャラ」の話題を出したときに胸に手を当てたのは，おそらく「いじられキャラ」の話題になったタイミングで緊張感が高まり，心拍数が上がったためだと思われた。非言語でのコミュニケーションは，その話をやめてほしいと言っているようにも捉えられた。

　一方で，2人とも（とくに母親のほうが）「A君自身の性格が問題」という枠組みが強そうであり，それは長期間続いているもののように思われた。習いごとの先生のエピソードを持ち出したのは，昔からそういったことを気にされてきたことの表れだろう。母親のこの枠組みに変化を起こせるのなら，A君と母親のコミュニケーションも変わりそうだと思われた。

　仮説から，2つの点についての確認が必要だと思われた。①どれだけ異なる文脈の話題を出せそうか（A君と母親が乗ってきてくれそうか，枠組みを変

えていけそうか），②文脈を変えるとＡ君の胸に手を当てる／タッピングする
といった身体的メッセージが変化するかという２点である。

Th　：Ａ君よりお話をうかがいました。なかなか大変なようですね。

母親：私としては，この子の話さないことが問題だと思うんです。それで
　　　いじられやすくなっているというか。でもいじられてるのはある種
　　　可愛がられてるとも思うから，そう捉えられたらいいのにと思うん
　　　ですけどね。この子，自分で相手の面白いように返しちゃってるん
　　　じゃないかなって思うんですけど。

Th　：そういうからかいのときって，どんなこと考えて話してるの？

Ａ君：よくわからないけど，相手がいじってきてるのに反応しないと場が
　　　白けるかなって思って，「なんでやねん」みたいに突っ込んだり，
　　　ちょっとおどけてみたりしてる。白けるのも嫌だし。

Th　：そうなんですね。気遣いがすごいね。

母親：そんなふうに返してたの？　そういうのやめたらいいのに。

Ａ君：……。（母親のほうを見て眉をひそめる）

Th　：なるほどなぁ。さて，お困りのお話はうかがいましたが，おそらく
　　　ストレスが関与して今回の症状が出てきたというのは理解しやすい
　　　と思います。心臓や臓器をコントロールしてくれる神経を自律神経
　　　と言いますが，ストレスが強くなることで誤作動を起こすことがあ
　　　るんです。なので，今回の症状の改善にはストレスへの対処が有効
　　　な可能性があります。少しこれからの話をさせてください。Ａ君に
　　　とって，どんなことが起こったら，ここに来てよかったと思っても
　　　らえそうですか？　早い解決もそうですし，自分の強みを引き出し
　　　ていくなど，人によって求められることが違うので教えてください。

Ａ君：みんなと対等になれたらいいなって思います。

Th　：ということは，今はそう感じられていないということですか？

Ａ君：そうです。

Th　：そうなんですね。いじりや，からかいって難しいですよね。自分に

原因があるんじゃないか，自分が弱いんじゃないかと感じさせられ
てしまうというか。ですが，いじられるほうの問題でないことがほ
とんどです。お母さんも，ほら，女の子をからかう男の子とかおら
れたんじゃないですか？

母親：いたいた，男の側が悪いでしょう。（少し胸を張る様子）

Th ：そうそう。いじりやからかいの場合，受ける側が問題かというとそ
うではないけど，そう思わせられることも多いのです。それに，場
合によるのかもしれませんが，同じことを大人の社会でやったらア
ウトじゃないですか？

母親：いや，ほんとにそうです。

A君：まぁ。（苦笑い）

Th ：対等になりたいっていうのはいつから感じていたの？

A君：小学校高学年で，身長が伸びて大きくなったときくらいからかなぁ。

母親：へぇ，そんなふうに思ってたんだ。

　①は自律神経の説明と，いじりやからかいについては本人の問題ではない
という説明を行った際の反応として，母親はそこまで抵抗感がなさそうであ
った。またA君が乗り越えたいという話題を出した際も，母親は意外そうで
はあったが反応はよさそうだ。②については，A君はそれまであった胸に手
を当てる動作やタッピングがなくなった。得られた情報から，「本人が対
処・対抗できている／しようとしている」という文脈を作り出せれば，母親
とA君のコミュニケーションが変わる確率は高そうに思えた。その二者間の
コミュニケーションが変わることで，A君の症状や学校における対人場面で
の困りごとに変化が波及することも期待できる。

Th ：なるほどなぁ，成長して，そう感じるようになってきたんですね。
しかし，からかいやいじりって，その人の頑張ろうって気持ちとか，
対等になろうって気持ちとかも減らしてもおかしくないと思うんだ
けど，そう思えていたのはどうしてなんでしょうか。

A君：いや，これっていうのはなかったけど。

母親：4年生のときに一気に身長が伸びて，それで自信ついたからじゃないかな。そのときくらいから音楽とかおしゃれにもこだわるようになっていったし，自分っていうのができてきたんじゃないかな。

Th　：お母様の目から見ても，A君の成長が大きかったと感じているんですね。これまでに，からかいが弱まったときって，どんなときでした？

A君：小学6年生のときかな。

Th　：うんうん，それはどうしてですか？　A君が何かした？

A君：あのときは，クラスの目立ってる子にこっちから話しかけにいくようにしてた。その子たちはからかってこない子たちだったし。そしたら，自然とみんなもからかわなくなっていって。

Th　：へぇ〜，A君のほうから，からかう子と距離を開けていって，違う子たちとかかわっていくようにしたんですね。（この頃には，A君はリラックスして椅子に座り，母親もA君の話に柔和な表情を見せるようになっていた。Thはしばらく，A君がおしゃれに目覚めたときのエピソードや，どんなこだわりがあって，どんなふうに見られたいのかなど，A君と母親の語りを楽しくうかがった）

Th　：さて，お話をうかがっていて，本日率直に思ったことを2つお伝えさせてください。1つ目は，やはりいじりやからかいはご本人の問題ではないことも多いということです。これはまあ一般的に言われていることと言ってもいいと思います。そしてもう1つ，私は，A君の乗り越える強さ，たとえば6年生のときのような自分で工夫したり対抗していく力が，症状とストレスに対抗していくうえでとても大きな鍵を握っていると思うのです。そういった強みをこれからも聞かせてもらいたいと思います。

　そう締めくくり，次回以降，A君の話を個別に聞く時間と，母親含めて3人で話す時間をとりたいことをお伝えし，初回面接を終了した。これは，母

親と本人のコミュニケーションの前に，A君とセラピストの間でリソースに焦点を当てておくことで，母親とのコミュニケーションで「いじられキャラ」の文脈が出てきても対抗しやすくなるのではないかと考えたからだ。

　母親も本人が対処できている話題や本人の成長エピソードを拾っており，それを話すことはとても能動的に行われる（本人が自分の対処を語っていた際に母親は反応が大きい）。A君は例外エピソードもコーピングも見つけることができており，その話題の際は身体的なメッセージは出されていない。少なくとも初回面接で，枠組みの変化の可能性も把握でき，かつ本人のリソースに3人の注目が集まることで新たな文脈を生み出す土台作りの作業はできたように感じていた。

第2回面接

　A君は前回と同じく母親とやってきたが，様子が違っていた。前回の覇気のない様子とは異なり，落ち着いた表情をしていた。前回共有していた通り，まずA君と2人で話し，その後，母親を呼ぶかたちをとった。

　　Th　：いかがですか。
　　A君：実は，いじりがちょっと落ち着いています。からだのしんどいのも，とくにないので学校にも行けています。
　　Th　：そうなんですか！　どうして落ち着いたの？
　　A君：試験期間に入ったので部活が休みになったこともあると思うんですが，部活のいじってくる子と距離を開けようと思って。
　　Th　：とても気になるので教えてほしいんですけど，それは自然にそうなっていったの？　A君が意図的に距離を置いた？
　　A君：お母さんに言われたのもあったんですけど，自分でも思い返して，自分がいじってくる子に反応しちゃってるなって思ったんです。わざと大げさに反応したり，「そんなことないって～」とかって突っ込んだりして。どこかで聞いたんですけど，こういうとき相手に反

　　　　応しちゃうともっと強くなっていくっていうのを思い出して，あえ
　　　　て反応を薄くしてみたんです。そしたら収まっていって，今はあん
　　　　まりかかわってこない感じです。

Th ：なるほど！　自分で反応を変えて，そしたら相手がからかうことも
　　　　少なくなっていったんですね。ちなみにですが，試験期間前は部活
　　　　もあったと思うんですが，そのときは？

A君：あ，そのときに反応を変えてみたんです。そこから少しずつ減って
　　　　いった感じです。

Th ：へぇ～。改めて言いますが，A君が自分の行動を変えたことが，相
　　　　手の行動を変えちゃったってことでしょう？

A君：そうなんです。

Th ：いや～すごい！　それってつまり，主導権っていうのかな，相手の
　　　　からかいをコントロールしているのって……。

A君：僕ですね。

　本人の言動は明らかに初回面接時と変わっている。試験前というタイミン
グがよかったことはいうまでもないが，前回注目を集めた本人のリソースが
大きく活きるかたちになっていた。また，その行動の原因帰属も自身に向け
られており，本来のA君の力を垣間見た気がした。ここで母親も含めて3人
で面接する時間に移行した。

Th ：A君からお話を聞きました。すごいですね。

母親：前回のカウンセリングで，この子がいじられやすくなるように反応
　　　　してるって私も知らなくて。この子と話していて，本人が相手の
　　　　喜ぶ反応をしてるって改めて伝えてみたんです。本人もそうだねっ
　　　　て言って，反応しないようにしようという話になって。

Th ：なるほど，お母様からのご助言もあったんですね。

母親：たぶん，本人の行動が変わったのが一番大きいかな。

A君：……。（柔和な笑顔。ここでA君は，急いできたため水分補給を希望し，

席を外した）

母親：実はね，前回のカウンセリングの後，私も思うところがあって。先生（Th）に，いじりやからかいが本人の問題というわけではないという話をされたから，ちょっと部活顧問の先生に話を聞きにいったんですね。ここのカウンセリングを受けにいったと話したら，顧問の先生も真剣な顔をして，「私自身も少し度が過ぎていると考えていたんです。からかっている子はわかるので，その子に少し話を聞いてみます」と言ってくれたんです。

Th ：なるほど〜，お母様もそのようにされたんですね。

母親：やっぱり，気がかりでしたからね。あの子が悪いんじゃないかって思ってたけど。

　A君が戻ってからしばらく，どのように距離を開けたのか，部活が再開したらどう対処していくかなどの話や，A君が最近ハマっている音楽や服装についての話題を広げた。その後，A君がどれだけ相手の行動に影響を与えたのかを知るために行動観察の課題を出したが，A君はあまり反応がよくなく，母親も「難しいんじゃないかな。でもまぁ，やってみますけど」と見事に大外しした。行動観察の課題を提案したのはA君の能動的な変化をより強めたい意図だったが，それさえも必要ないのかもしれない。

第3回面接

　この日のA君は，前の2回の面接よりも雰囲気は柔らかく，どこかスッキリした表情をしているように見えた。

Th ：からだの調子はいかがですか？

A君：この前のカウンセリングから，ふらついたり，めまいが出たりはしていません。実はいじりがすごく落ち着いています。

Th ：ほうほう，どんな感じで落ち着いています？

A君：もうほとんどいじられないというか，いじられてもそんなに気にならなくなってきたというか。

Th　：そうなんですね！　どうしてそんなふうに過ごせてるの？

A君：いじってくる子と距離を開けるのを続けてます。無視するわけじゃないけど，こっちから話しかけることは積極的にはしない。向こうも話しかけてくるし多少いじってくるけど，そんなに気にしてないです。冗談かなってくらいに思って。

Th　：へぇ，どうしてそう思えるようになったの？

A君：部活のなかでもいじってこない子がいて，クラスも一緒なんでその子と話してたり，他の部活の子も仲がいいのでその子も含めて3人でよく一緒にいたりしてます。

Th　：なるほど，友だちといると？

A君：安心する感じかな。一緒にいると落ち着きますね。

Th　：もう，聞くのも野暮な感じがするんだけど，どうして今回の一件が落ち着いたんだろうか。

A君：うん，僕が距離とったっていうのが大きい気がします。

Th　：今回のA君の変化って，どんなふうに感じる？

A君：うーん……成長かな，自分でできるんだって思ったし。

　第2回面接のように，A君は自分の行動変容や意識の変化が今回の変化につながっていると確信しているようだった。母親とA君から過去の対処，成長の過程を引き出していたことが，本人の意識の変化につながったかどうかは確認したいが，それを聞くとせっかくA君が自分で頑張ったと感じていることに水を差す気がして，結局聞けなかった。

母親：話し方とかはまだ気になることもあるんですけどね。ちょっと滑舌悪いところとか，誤解されやすいというか，いじられやすいというか。

A君：うん，まぁそうかな。

母親：まぁ，今はいいけども。落ち込んだりとか最近してないしね。

母親が「いじられキャラ」の話題を出しても，Ａ君は初回面接であった身体的なメッセージを出すこともなく，いなすように返していた。母親もそのことにこだわることなく，変化や落ち着いている現状を話し，少なくともこの場での２人のコミュニケーションは変化したように思えた。

　Ａ君からいったん終結の提案があり，母親も了承され，カウンセリングは第３回で終結となった。

考　察

　Ａ君親子の場合，カウンセリング開始の段階で，身体症状とストレスとの関係をある程度理解されていた。ストレスを解決していくことが症状改善につながるという理解が得られている証拠であり，まずこの段階で大きなリソースとなっていることがわかる。心身相関の理解があることで，スムースにストレスやコミュニケーションなどへと話題をシフトできる土台がすでにできており，早期に介入へと移ることができた。

　筆者が意図的にＡ君親子に行ったことは大きく２つに分類できると考えている。１つ目はＡ君と母親の間で生じていた「いじられキャラ」を取り巻くコミュニケーションの変化，２つ目はＡ君の枠組みの変化だ。

　Ａ君と母親との間で確認されたコミュニケーションは，「いじられキャラ」というＡ君に向けられたコミュニケーション上の枠組みの縮図であり，それは習いごとの先生や部活の同輩との間でも生じていると考えられた。筆者がチャレンジしたのは，Ａ君と母親の二者の間で交わされているコミュニケーションを変えることで，Ａ君と母親の視点を「いじられキャラ」ではない文脈に移すことだ。Ａ君－母親のコミュニケーションが「いじられキャラ」言説の縮図（サブシステム）なら，そこを変えることでより大きなシステムへの変化も期待できると踏んだのだ。幸運なことに，母親とＡ君は，Ａ君が自信をもって対処できたことやＡ君の成長といった異なる文脈への変更を許容してくれた。Ａ君の身体的なメッセージが生じなくなったのは，異なる文脈がＡ君にとって望ましい（少なくとも「いじられキャラ」文脈よりも心

地よい）ためだと思われた。Ａ君と母親のコミュニケーション，そこで注目される点が変わったことで，他のコミュニケーション（顧問−部員，Ａ君−部員）にも波及したものと考える。

　次にＡ君自身の枠組みについては，Ａ君は周囲からどのように見られているのか，またどのように振る舞うことが求められているのかを敏感に察知していた。Ａ君が感じていた通りに周囲が「Ａ君になら何をしてもいい」という雰囲気を出していたのなら，それはＡ君にとって「いじられキャラ」として振る舞うことを強制するようなメッセージとなるだろう。Ａ君の過去の例外的対処の発掘は，Ａ君がそういった周囲の動きに合わせなくてもすむ行動選択の一助になったと思われる。

おわりに

　患者の所属している環境や社会や家族といったシステムのなかで，疾患や本人自身がどのように取り扱われているのかは，心理社会的ストレスが関与しているタイプのODにおいて重要な発症・維持因子だと考えられる。

　注意していただきたいのだが，システムズアプローチなら簡単に治療できる，と言いたいわけではない。今回取り上げたＡ君と母親がたまたまリソースに富んだ方々だったにすぎない。実際，本人が来談したケースや，本人は来られず家族のみが来談するケースで，経過の長くかかることも複数経験している。そういったケースでも，筆者と家族，筆者と本人，本人と家族といったシステムのなかで取り扱われる内容が変わることが，少なくとも来院いただいた方々に役立っていると筆者は考える。

［文　献］
（1）吉田誠司「起立性調節障害」『小児内科』52巻6号，813-816頁，2020年
（2）田中英高「循環器疾患　起立性調節障害」五十嵐隆編『小児科診療ガイドライン
　　　―最新の診療指針　第4版』230-233頁，2019年
（3）田中究「システムズアプローチ」日本ブリーフサイコセラピー学会『ブリーフセ
　　　ラピー入門―柔軟で効果的なアプローチに向けて』42-53頁，遠見書房，2020年

第8章

摂食障害
──「例外」への注目と本人の強みを活かしたアプローチ

Yamanaka Sayo
山仲彩代

はじめに

　精神科クリニックにはさまざまな患者さんが来院される。年代も診断名もさまざま，「よくなりたい」「治りたい」気持ちは共通だがその詳細もさまざまである。また医療機関によって，カウンセリングの役割や位置づけも多様である。通院上の困りごとの原因がわかっている場合もあるが，原因がわからずに心身の不調を呈している場合も少なくはない。現実的な問題解決や治療，改善のための対処を考えたいというニーズが多いなかで，原因がわからないケースも含めどのように患者さんにかかわるか……そんな「さまざま」な患者さんに対峙する際に，ブリーフセラピーを学んでいたことで，筆者自身も支えられているように感じる。

　余談だが，筆者がブリーフセラピーを知ったのは，大学院の研究室選びをしているときだった。恩師のプロフィール上の「強みを活かすアプローチ」といった文言を見て，惹きつけられたことがきっかけだった。その後ご縁が重なり，ブリーフセラピーの奥深さに触れ，難しさを日々感じつつ現在も学んでいる最中である。ブリーフセラピーは，相談の場でのコミュニケーションのとり方や姿勢も含めたアプローチであるように感じている。知り方や学び方は多様だが，ブリーフセラピーがクライエントにとっても相談を受ける側にとっても，「効率的」「効果的」なアプローチであることをたくさんの人に知ってほしいと思っている。ブリーフセラピーに関心をもって本章を目にしてくださった方に，その魅力を少しでも感じてもらえたらと願っている。

本章では，精神科クリニックでの事例を紹介する。事例は本質を損なわない程度に改変していることをご了承いただきたい。

事例の概要

Aさん，16歳（通信制高校の1年生），女性。家族構成は両親，大学生の兄と姉の5人家族。

主訴は，本人と母親の認識は「摂食障害」。当院受診上の診断は「不安症」「摂食障害」。

Aさんは小学校の頃から給食を時間内に食べられないことが多かった。どちらかといえば緊張しやすいタイプで，新学期やクラス替えは苦手だった。中学校進学後，喉の詰まるような違和感が強くなり，食事に時間を要するようになった。徐々に体重が減少し，登校が滞り始めた。中学2年生のときには水分摂取にも苦しさが生じたため内科を受診，入院を提案されたが本人が拒否した。心療内科に通院を続ける約束で自宅療養となったが，通院の継続には至らなかった。食べられるものを食べるという生活で，おかゆやヨーグルト等を食べていた。「出かけたら外食をしないといけないからいや」「出かける直前にお腹が痛くなる」という理由で，外出がしづらくなった。中学3年生になってからは少しずつ体重が増加。しかし食事量にはムラがあり，体重が安定しない日々が続いた。飲み込むまでに時間がかかるため，1回の食事に相当な時間がかかる日もあった。

高校進学を機に母親とAさんが相談し，筆者が勤務している精神科クリニックを初診となった。過食嘔吐はないが食べることの困難さが続いていることへの心配と，外出のしづらさへの懸念が，母親からは語られた。Aさんは「飲み込むことが苦手だから薬はいや」「やせたい気持ちはないのに食べられない。体重が減るのは困る」「周りに心配されるのもいや」といったことを，診察で語った。主治医の勧めとAさん自身の希望があり，カウンセリングに導入となった。

初回面接

　Aさんはやや細身ではあるが，肌の血色や表情は保たれており，姿勢もしっかりとしていた。服装は年齢相応で，アクセサリーやヘアアレンジを楽しんでいる様子も見受けられた。多少緊張はありつつも発話量は多く，笑顔もみられた。なんとなく相談慣れをしているような，年齢の割に堂々としているような，「しっかりしている子」という印象だった。

　筆者は，Aさんがカウンセリングでどんなことを話したいと思っているのかを尋ねた。するとAさんは迷わず「不安に思っていることを話したい」と口にした。趣味や好きなことをする予定があるけれど，「出かけた先で気分や体調が悪くなるのが怖くて，行けるか不安」になることに困っているという。これまでも，外出時の吐き気の怖さや不安が大きくて思ったように出かけられないことが多かった。そして，出かける直前はいつも以上に食べるのが大変になること，最終的に出かけられても疲れが楽しさを上回ることが多かったこと，出かけても食事ができないから空腹で大変だったことなどが語られた。楽しみな外出でも，出かける直前には気分が悪くなったり怖くてドキドキしたりしてしまう，考えないようにするのが難しい，という訴えだった。

　最近の外出について尋ねると，好きな声優のイベントの話が出た。1日2公演のイベントはどちらのチケットもとれて，「どっちも絶対参加したい！」と思っていた。いつものような不安や怖さ，胃の気持ち悪さ等はあったが，最終的には「何とかして行けた」という話をしてくれた。筆者は，「不安とかあって大変だったのに，どうやって一日頑張れたの？」「何が後押ししてくれた？」と尋ねた。

　Aさんを後押ししてくれたのは，「せっかくのチケットを使わないともったいないという思い」「心配だから持ち物を増やしたこと」だった。外食が苦手だから，どんなに考えても「こうしたら絶対大丈夫」という解決策が浮かばなかった。「何とかしなきゃ」と葛藤しつつ，「絶対大丈夫」な方法ではないものの，空腹を気持ち程度に紛らわせる飴やゼリー，飲み物を用意する

選択肢を妥協策として用意した。また，ハンカチやマスクの持参，イベント会場の建物案内図を事前に調べることも，体調が悪くなったときの備えとして試した。そうしたら，準備は大変で荷物が増え，実際に用意したものは食べなかったけど，ちょっとだけ安心した，と笑いながら教えてくれた。「絶対大丈夫」にはならなかったが，行きたい気持ちが勝るぐらいの事前準備になり，功を奏したようだった。

　筆者は，「何とかしなきゃ，と思って頑張って考えたんだね」とねぎらいを伝えた。そして，「準備をしたから少し不安を減らせたこと」「行きたい気持ちを優先できたこと」はＡさんの頑張りだと感じたこと，準備のような「小さい工夫」がよかった可能性を，筆者の感想として伝えた。そのうえで，今回のような「小さい工夫」がＡさんの他の心配ごとにも役立ちそうかを尋ね，次の外出のときにもまた試してみることを提案した。加えてＡさんの「楽しみな気持ち」も時間が許す範囲で語ってもらい，「推し活」の素晴らしさで盛り上がった。

2回目以降の面接

　Ａさんとのカウンセリングは月1回の頻度で行われ，趣味の外出や通信制高校のスクーリングにまつわる話題が多く語られた。一方，カウンセリングと同日に行われていた診察では，食事にまつわる話題も細やかに報告されているようであった。

　カウンセリングで語られる不安はやや漠然としていることも多く，内容も「できるか不安」「（出かける前に）お腹が痛くなったり，気持ち悪くなる」「食べるのが怖いから，出かけられない気がする」など，さまざまだった。「絶対そうならない」とも「絶対そうなる」とも断言できないものもあり，Ａさん自身も「『なんで心配なの？』と家族に言われても，困っちゃうんですよね」と苦笑していたことが印象的であった。

　特徴的だったのは，初回のカウンセリング時と同様，「最終的には何とかなっている経験」がしっかりとあることだった。気持ちの消耗や身体症状と

いった負荷がかかっていた訴えもセットだったが，何とか成功しているエピソードが語られることが多かった。カウンセリング経過のなかでは，上記の不安が少しずつ変化し，成功が広がっていったように感じるやりとりが報告されていった。いくつか印象的なやりとりを紹介する。

（1）趣味の外出と考え方の切り替え

　兄からお古のカメラを譲ってもらい，「風景写真を撮りに出かけたい」「SNS映えするスイーツを食べたい，写真も撮りたい」と考えているが不安で実行できない，という悩みが語られた。外出に限らずいろいろなことについて「考えてやりづらくなる」「考えすぎてお腹が痛くなったり，気持ちが悪くなる」と自覚しているけど，不安は減らないとAさんは語った。しかし，そういった不安はありつつも，近所に花の写真を撮りにいったことを，「すごく疲れたけど行けた」体験として教えてくれた。筆者が「え，すごいじゃん！　写真見たい！」と伝えると，撮影した写真を嬉しそうに見せてくれた。その写真を一緒に楽しみながら，Aさんの楽しかった話をたくさん聞いた。「近所に写真を撮りにいけたのはどうやって頑張ったの？」と尋ねると，「近くなら具合悪くなっても何とかなるかもしれない」という妥協点を見つけた，という話が出た。筆者からは，「妥協点，すごい！」と感想を伝え，その見出し方を尋ねた。すると，母親の言葉がAさんの発見のヒントになったことが語られた。

　Aさんによれば，母親はよく「途中で無理になったら迎えにいくよ」と言ってくれるけど，今まではそう言われるたびに，「なんでやる前からそんなこと言うんだろう」と自分の頑張りが認められていないように感じていたという。Aさん自身は「ちゃんと頑張りたい」と思っているからこそ，「できなかったら……」という言葉が許せない気持ちがあった。ただ，最近は「小さい工夫」をしたら何とかできている外出もあるから，家族が言ってくれている「無理しなくていいよ」「できなかったら……」といった言葉が，少し腑に落ちたように感じ，受け入れられるようになった気がする，ということだった。それで考えてみたら，「近所だったら親が迎えにきてくれるから，

具合悪くなっても大丈夫かも」「できるところに行こう」と思えたから近所での写真撮影にチャレンジできた，と少し自慢げに話してくれた。外出の妥協点だけでなく，家族の声かけの受け止め方という変化が重なったことが，筆者はとても大きいことのように感じたため，「え，それってすごくない⁉すごい発見！」とはしゃいで伝え，Aさんの気づきのすごさを強調した。

　その後のカウンセリングでは，姉と少し遠出の散歩に行って，写真撮影とカフェ（飲み物）を楽しめたことが報告された。そのときも写真を見せてもらいながら，Aさんの楽しさを共有した。そのうえで，「今回は何が出かけるときの助けになった？」と尋ねると，Aさんは「撮りたいもののことを考えていたら，心配なことを忘れていた」といった，ちょっとした気持ちの切り替えができていたことを話してくれた。「その切り替え，すごくない⁉どうやって思いついたの？」と問うと，「たまたま」と返答があった。そう言われると「そうか〜」と受け入れてしまいたくなったが，「え〜，他には他には⁉」と写真を見ているテンションのまま筆者があえて粘ってみると，行動を起こせた理由をぽつぽつと話してくれた。

　気持ちの切り替えは，「自分は1つのことに夢中になりやすい」と気づいたことがきっかけだったらしい。「何を撮ろう」「どのアングルにしよう」と考えたら楽しくて，不安なことを考える時間が減った。そうしたらちょっとだけ気持ちの切り替えができた，と教えてくれた。ただ，「夢中になりやすいってことは，心配にもなりやすいってことですよね？」とAさんは苦笑していた。「極めるタイプなんだね」と，筆者はキャラとして捉えたことを伝えた。「もしかして他の予定も楽しみなことある？」と尋ねると，いろいろお出かけの計画案が挙がった。いずれも不安はあるけれど，目的や楽しみといった「熱中できそうなもの」も考えたら浮かびそうだと，楽しそうに話してくれた。

　筆者は，つい説明的に『不安や身体の不調はあるけどやってみる⇒意外と大丈夫，を重ねるとうまくいく』と言いたい気持ちをこらえ，Aさんの「楽しみなこと」の話で盛り上がれるように努めた。そして「楽しかったらまた教えてね！」というお願いでとどめることとした。

（2）スクーリングでの発見と新しい方法の取り入れ

　Aさんは通信制高校のため，定期的なスクーリングが課されていた。スクーリングには通えていたが，Aさんはそれを「難易度が高い」外出の1つに位置づけていた。ここでも，「一応行ってるんだけど，心配で……」と，苦慮しながらも何とか頑張っているという話が語られていた。

　スクーリング前日はAさんにとってはすごく心配で，疲れてしまういやな日だったらしい。ただ，具体的に何が不安かはわからないと話した。1週間ほど前から体調を整えて，「万全の状態」を目指すが，前日は不安が増してしまい，腹痛や気持ち悪さが普段より強いような気がしていた。そうすると，食事がいつも以上に喉を通らなくて，時間がかかるという困りごとが重なるとのことだった。趣味の外出のような「事前の準備」はすでに十分なぐらい実行に移されていたが，それ以上の不安が存在していることがうかがわれた。

　カウンセリングを始めた頃は，筆者はAさんが語る不安を聞きながら，本人の努力を「頑張ってるんだね」とねぎらい続けた。そして，最終的に頑張れたスクーリングについて，「何が力になった？」と尋ね，本人なりの準備方法を教えてもらった。Aさんなりの対処法である「万全の状態のための準備」の満足度も尋ねながら，「うまくいっている方法」であれば継続することを応援した。

　ある日のカウンセリングでは，「ちょっとだけやってみよう」と思って新しい方法を試したことを教えてくれた。それは「前日まで考えないようにしてみる」といういつもと違う方法だった。いつも通り準備はしていたが，「当日のことは朝の気分に任せよう」と少し準備を適当にしてみたら，前日の不安が減った気がして，朝の気持ち悪さも少しましなように感じた。スクーリング自体はいつも通りだったが，全体としては「なんか楽」な感覚だったという話だった。

　「びっくり！　でもさ，適当にしてみるのって結構大変じゃなかった？」と素朴な疑問を伝えてみた。Aさんによると，考えないようにすることも大変でドキドキしたが，考えすぎることに疲れ切ったから，今回の方法を試せたとのことだった。そして，「いつもと違う方法」をとって，「なんか楽」と

いう手応えはありつつも,「これでいいのかな」と迷う気持ちも残っていることが語られた。両方の気持ちを受け止めつつ,「どっちがいいか決めたい？」と尋ねると,Aさんは首をかしげた。そこで,「もう少し実験して,自分の満足感を観察してみたらどうかな？」と伝えた。

後日,スクーリング自体を「思ったよりちゃんとやらなくてもいいのかも」と思えたことに気づいた,という話が出た。今までスクーリングは「〇時までに絶対行かないと」と思って自分で制限を作っていたから,プレッシャーや不安になっていたのかもしれないと,Aさんは振り返っていた。筆者はすかさず,「その発見はどうやって閃いたの？」と尋ねた。実際にAさんは今まで遅刻したり先生との約束に遅れたりしたことはなかったが,「時間がずれても大丈夫そうにしている同級生を見ていたら,多少の遅れは大丈夫なのかもしれないと思った。そしたら,前に準備を適当にしたときみたいに,目指す登校時間も『〇時は過ぎないように』とぼんやり考えることができて,またちょっとだけ楽になった気がする」ということだった。プレッシャーが減った気がして,前回のように気持ち悪さが楽だったというよかったことがくっついてきた,と話した。この新しい発見や「適当にする工夫」も,Aさんにとってはまだ「手応えは……どうでしょう？」と悩んでいる様子だったため,うまくいったら続けることを提案して,結果の判断は様子見とすることにした。

摂食障害の解決につながる「変化」

カウンセリングを始めて2年ほど経った頃,「摂食障害が結構よくなったと思うんです」と急にAさんが教えてくれた。まだ外食は苦手で,食べる前の不安もあるけど,食べ始めたら大丈夫なことが増えたという。筆者自身も予想外で,ただただ驚きを隠せなかった。

以前は食事後に具合が悪くなることへの不安が強かったが,最近は「ちょっとだけ食べてみよう」「駄目なら残してもいいや」と思えるようになった,今までは「全部食べないと」と思うのに食べられず自分を許せなかった,今

は「食べられるものを食べる」が許せるようになり，食べられるものと食べづらいものが自分のなかでわかってきて少し自信がついた，とＡさんは語った。

「食べることが怖い理由が全然わからなかった」ともＡさんは語った。もともと食事のスピードはゆっくりだったが，食事も甘いものも好きだった。ダイエット願望はないのになぜか食べることの苦痛さや怖さが強くなり，摂食障害になってしまった。ネットで摂食障害について調べてもしっくりくる理由がなく，ネットに書かれていた「摂食障害の原因」は自分に当てはまらないように感じた。原因がわからないまま，「食べることが怖い」「（気づいたら）外出が怖くなった」といった状態が続いた。周りから「やせた」と言われることも苦痛になった。原因を考え続けたがわからなくて苦しかった，とのことだった。

「原因はいまだにわからない？」と尋ねると，Ａさんは「謎です」と苦笑した。「わからなくても『結構よくなった』と思えるようになったのは，何がよかったと思う？」と尋ねると，Ａさんから２つのよかったと思うことが語られた。１つ目は，やりたいことがたくさんあったこと。趣味や興味をもてるもの，高校を卒業したいことなどが外出への思いにつながり，そのために「食べられるものを増やそう」という頑張りにつながったとＡさんは話した。２つ目は，いろいろなハードルが下がったこと。今まではいろいろなことに対して「しっかりやらないと」とみずからハードルを上げていた気がするが，出かけるための頑張りが自信になった，とＡさんは振り返った。食べ方についても，「ちゃんと食べなきゃ」ではなく「ちょっとだけ食べよう」が許せるようになった，と話していた。

これに対して筆者から，Ａさんの頑張る力や興味・関心の強さをすごいと思っていたことを伝えた。また，外出時に「ハードルを下げる」「許せる範囲が増える」という変化を取り入れながら成功体験を積み重ねたＡさんの頑張りが，食べることについても同様の変化を生じさせていたように思ったことを筆者の考えとして伝えてみた。Ａさんは，「えー！　だったら私，結構すごいですね！」と笑顔だった。今後については，「人並みに食べられるよ

うになりたい」気持ちはあるが，「好きなものは何とか食べられているし，量が少ないのは自分が小食だと思えているから今のところはOK」とAさんは語った。これを，Aさんなりの1つのゴールとして，2人で共有した。

その後も不安なことと頑張りを共有するやりとりを中心としたカウンセリングは継続し，Aさんは通信制高校を卒業，専門学校に入学した。診察は継続していたが，カウンセリングは専門学校が忙しくなり，Aさんも「大丈夫そう」と話したため，終了となった。

考 察

本事例では，「摂食の障害」について積極的な話題の共有や介入は行わなかった。摂食障害へのカウンセリング対応としては，もっと望ましいかかわり方がたくさんあると考える。しかし本事例では，原因がわからないなかでもAさんが試行錯誤して今までと違う考え方やチャレンジ方法を編み出し，一種のゴール（よくなったと思える状態）につながることができていた。その経過は「本人の力」によって生じていたものではあるが，その力をブリーフセラピーの考え方に基づくやりとりで支えることができていたら，本望だと感じている。以下，事例の振り返りと「よかったと思う理由」を記載する。

（1）事例内で起きていた「例外」

初回面接でAさんが語ったエピソードでは，『体調や行動への不安が強い⇒動き出せずに行動が滞る⇒支障や苦しさ』といったパターンがあると考えられた。そこから派生して，そもそもの「問題」としての『不安が強い⇒食べることにも何らかの不安がある⇒食べられない⇒"摂食の障害"という困難さ』が生じているという仮説も考えられた。

そんなAさんには，「最終的には何とかなっている経験」が存在していた。気持ちの消耗や身体疲労などの負荷にまつわる訴えもセットだったが，結果は成功体験となっていた。これを筆者は「問題が起こっていない状態・少しうまくいった状態＝例外」として注目し，かかわった。そして，Aさんは

日々の生活のなかで，外出やスクーリングにまつわる『いつもと違う方法を
とる⇒うまくいく』という「例外」を増やしていった。

「食事をとること」に関する話題が挙がることは少なかったため真偽はわ
からないが，外出での「例外」が増えることで得た工夫や頑張りを，本人な
りに食事場面にも応用していた可能性が考えられる。食事場面でも妥協や小
さな工夫が取り入れられていたとしたら，同じような「例外」が生じていた
のかもしれない。または，外出での「例外」が増えることで生じた行動や思
考の変化が，「彼女自身の変化」として波及し，「摂食の障害」にも何らかの
よい変化を与えていたと考えられる。

（2）原因探しをせず，「例外」を探すかかわり

本事例では，Ａさんの「困っていることについて話したい」というニーズ
に即してやりとりをしていった。筆者はＡさんの漠然とした不安や身体症
状・「摂食障害」の原因が気にはなったが，Ａさんに思い当たる原因を問う
ことはしなかった。代わりに，「最終的に出かけられているが……」という
彼女の言葉に注目してみるところから，「なんとかできていること＝例外」
を探すことを開始した。筆者はＡさんが語るエピソードや頑張りを「すご
い！」「頑張ったね！」とコンプリメントし続け，Ａさんなりの成功体験を
支えた工夫や頑張り方を聴くことに徹した。同時に，Ａさん自身の「ほっと
した」「楽しかった」という気持ちを共有した。そして見つかった「例外」
に対しては，本人の満足度の確認や，うまくいっている方法を繰り返すこと
の提案として「Do more課題（提案）」を継続した。

このときに，解決志向アプローチの特徴の１つである「クライエントが自
身の解決の専門家である」という考え方が，筆者のかかわりを支えてくれて
いたように思う。Ａさんの「例外」を支えていた努力や方法の共有に努めて
はいたが，「もっと○○してみたら？」といったアドバイスをしたくなる気
持ちをぐっとこらえることもあった。「もっといいやり方があるのになあ」
という筆者の主観がふと出てきてしまうことがあったからである。しかしそ
れは筆者の認識の枠組みでしかないため，ここで，「Ａさんの頑張り」「Ａさ

んにとってのよかった理由」を振り返り一緒に考えたことが，Aさんの自信
や例外の拡張につながったのではないか，と考える。

（3）本人のリソースの豊かさ

　Aさんのリソースの豊かさも，Aさん自身と「例外」への挑戦を支えた，
よかった理由の1つであると考える。興味・関心の幅広さや好きなものの多
さ，それに向けた楽しみたい気持ちは不安の一因にもなっていたが，最終的
には頑張りたい理由として動き出すきっかけ作りに寄与していた。加えて，
Aさんの試しにやってみる行動力や工夫を考えられる力自体もリソースだっ
た。頑張りを重ねるなかでも，「やってみたら大丈夫」という成功体験や行
動に移せた満足感の繰り返しが自信として蓄積し，Aさんのさらなるリソー
スになっていたのではないかと思う。

　彼女の周囲のリソースもたくさんあったように感じる。本事例の支援現場
は精神科クリニックであり，当院でのカウンセリングは主治医の診察と並行
して行われていた。「摂食の困難さ」は診察内で主治医と話す場があったか
らこそ，カウンセリングではAさんが話したい話題が扱えたのかもしれない。
また，Aさんの語りからは，家庭内のリソースもたくさんあることがうかが
われた。家族の理解や支えが盤石であり，家族仲のよさにも，Aさんがしっ
かりと支えられていたようだった。さまざまな場でAさんの安心・安全が確
立されていることで，カウンセリング内で支援者側も安心して「うまくいっ
た方法をもっと増やしていこう」という介入ができたのではないかと考える。

　　［文　献］
　ピーター・ディヤング，インスー・キム・バーグ（桐田弘江，住谷祐子，玉真慎子訳）
　　『解決のための面接技法 第4版―ソリューション・フォーカストアプローチの手引
　　き』金剛出版，2016年
　森俊夫，黒沢幸子『解決志向ブリーフセラピー――森・黒沢のワークショップで学ぶ』ほ
　　んの森出版，2002年

第9章

発達障害を背景にもつ抑うつ症状や
身体症状──リソースを活かす発達臨床

Tagami Mitsugu

田上　貢

はじめに

　筆者は医療機関において，カウンセリングや心理検査といった心理業務を
行う立場にある。当院は精神科・心療内科・内科を標榜するクリニックであ
り，特徴は，薬物療法は必要最小限に，漢方，カウンセリング，生活指導な
どを併用しながら，「からだ」と「こころ」の両面から診療を行う点である。

　また，筆者（事例においてはThとする）はシステムズアプローチを学んで
おり，日々システムズアプローチの「ものの見方」と悪戦苦闘しながら臨床
に取り組んでいる。本章では，自閉症スペクトラム障害が背景にあり，気分
の落ち込みやめまい，頭痛などの身体症状がみられた中学生の事例を紹介し，
発達障害の当事者やその家族への対応について考察する（以下の事例はプラ
イバシーに配慮し，文脈が損なわれない程度に内容を一部改変した）。

事例の概要

　相談者は自閉症スペクトラム障害（以下，ASD）を背景にもつ中学1年生
のA君とその母親である。母親はパートタイムで介護の仕事についている。

　A君は幼少期に，過度なこだわりやかんしゃくがあったことからASDの
可能性を指摘された。一方，知的な水準には問題がないため，小学校では普
通学級で過ごしてきた。友人関係では，いわゆる「空気が読めない」言動は
あったものの，幼馴染を含む友人たちの輪のなかでは，ある種のキャラクタ

ーとして容認され，仲よく過ごすことができていた。小学校の高学年になると，友だちとの遊びはもっぱらオンラインゲームであった。A君はゲームに関する知識やスキルに非常に長けており，周囲から頼られる存在になっていた。

その後，両親の勧めで受験を経て私立中学校へ入学した。小学校とはまったく異なる環境で学校生活が始まった。中学校に入学後しばらくは何ごともなく過ごしていたが，1学期後半から疲労感が強くなり，日常生活や学校のことに何もやる気が起きない状態になった。加えて，朝起きにくく，めまい・立ちくらみが生じ，総合病院の神経内科を受診して，起立性調節障害と診断を受けた。この頃から，朝起きられないときには，学校を遅刻・欠席するようになった。2学期の定期考査前には原因不明の頭痛が数日続くことがあった。また，頭痛がおさまっても，からだのだるさは残り，遅刻や早退を繰り返しながら何とか学校に通い続けた。

このような相談を再度，総合病院で行ったところ，ASDが背景にあることや気分の落ち込みが絡んでいたことから，筆者の在籍するクリニックを紹介され，当院の医師の指示でカウンセリングを開始することとなった。

初回面接

A君と母親に入室してもらい，世間話をした後，「今回のご相談についておうかがいしてもよろしいでしょうか？」と尋ねた。すると母親が現在の状況について語り始めた。

母親は時折A君を見ながら話すが，A君は母親を見ることはなく，Thともあまり視線を合わせず，部屋の空間を見つめているようであった。母親の話の後，「A君からも話を聞いていいですか？」と母親に確認したうえで，「お母さんからめまいや頭痛の話があったけど，A君はどんなことで困ってるかな？」と尋ねた。するとA君は「そんな感じです」と，少しぶっきらぼうに答えた。その後もThがA君に質問するとA君は最低限の応答をし，母親がA君にもっと話すよう促すと，Thに対して「わかりません」と答える

というやりとりがみられた。何度か同じようなやりとりが行われたが，A君の表情は硬く，話があまり広がらなかった。

　母親はカウンセリングで本人に話してほしいと語るが，本人はあまり話さない。そこで，Thが「このまま一緒に聞くほうがいいか，それとも別々に話を聞くほうがいいか」尋ねると，A君が「別々がいいです」と反応した。母親はそれに合わせて「ではそれでお願いします」と話し，まずA君から話を聞くこととなった。

（1）A君へのジョイニングとニーズの確認

「お母さんの前では話しにくかったかな。ごめんなさいね」と伝え，A君との面接が始まった。

　Th　：ごめんね，さっき聞きそびれたんやけど，今日のことはお母さんに
　　　　聞いてたんかな？
　A君：はい，聞いてました。
　Th　：なんて言われてたの？
　A君：病院に行くって。話を聞いてもらいにいくって言われました。
　Th　：急に病院や，話聞いてもらうって言われてびっくりした？
　A君：いや，急ではなかったので。でも，最近お母さんがいろいろ聞いて
　　　　くるのがうっとうしいです。
　Th　：お母さん，何を聞いてくるの？
　A君：学校のこととか，体調のこととか，何回も聞いてくる。
　Th　：そうなん，何回も聞いてくるのは嫌やね。それは最近のこと？
　A君：ここ何ヵ月はずっとですね。
　Th　：それはたいへんやね。

　A君はThと一対一の場面では，しっかりと受け答えでき，徐々に応答性が向上した。その後，好きなゲームの話題になった途端，堰を切ったように語り始めた。Thは，A君の話しぶりに驚きながらも，ゲームについてくわ

しく教えてもらった。A君はかなりゲームの知識が豊富で，プレイヤーとしても強いと自信満々に語った。しかし，中学校でもゲームを一緒にする友だちがいるという話題からA君の雰囲気は一変し，ゲームの話題での生き生きとした姿が嘘のように，神妙な面持ちになった。A君の話によると，からだの不調は「友だちと揉めた」ことが関係しているかもしれないとのことであった。

A君：いや，困っているというか，揉めた？　喧嘩みたいになりました。
Th　：どんな喧嘩になったの？
A君：Bって人がいて，同じクラスに。一緒にゲームしてたんですけど，レベル低いんですよ，全然わかってない。
Th　：何をわかってないの？
A君：どうやったら勝てるかわかってないです。プレーヤースキルも低い。だから，ゲームしているときに間違ってるってことを言ったら，急に怒り出して，わかってないのはBなんですけど，それ以降しゃべってないです。
Th　：え？　ごめんごめん，急に怒り出して，その後A君はどうしたの？
A君：言い返したけど伝わらなくて，最後はBがゲームやめました。
Th　：そうやったんか。周りの友だちはどうしてたの？
A君：何も言ってなかったです。たぶん，みんなBよりちょっとうまいくらいなので，言い合っていることもあんまりわかってないかもしれないです。
Th　：そっか。それはたいへんやったね。A君は間違ったこと言ってないのに急に怒られたらたまらんな。

このような揉めごとは初めてではなく，B君や他のクラスメートと言い合いになったことが何度かあったという。ただし，この出来事以降，クラスメートとゲームを一緒にすることはなくなり，B君とは話さなくなった。また，B君はクラスの中心的な存在であったため，B君とのトラブル後，これまで

かかわっていた友だちとも自然と話さなくなった。

　また，A君は小学校時代からクラスの友だちに自分から話しかけにいったことがほとんどなく，周りの友人が話しに来てくれることが多かったと語られた。今でも自分から動くことはないが，周りから来てくれることもなくなったので，一人で過ごすことがほとんどになった。

　Thが「どうなるとA君にとって少しでも過ごしやすくなるかな」と尋ねると，「またみんなとゲームがしたい」と答えた。そこで筆者が，「からだの不調のことも含めて，学校での友だち関係のこともお手伝いできると思うから，またくわしく教えてくれるかな」と聞くと，快諾した様子であった。

（2）母親へのジョイニング

　その後の母親との面接では，これまでの経緯として事例概要が語られた。家での様子は，A君は学校のことは話したがらず，むしろ今までより反抗的な態度をとるようになったと心配そうに語られた。朝になると体調が悪そうで起きられない日があるが，多少の不調は我慢し，遅刻や早退をしながら何とか学校に行くことができていた。

　小学生のときは順調だったにもかかわらず，中学校ではしんどそうなA君の様子に母親は困惑しており，少し自信を失っているようだった。Thは，「本人の話を聞いてほしい」という母親の希望に合わせて，今後も分離で面接を継続することを伝えた。

　また，Thは母親のこれまでの苦労や悩みに共感的に反応し，A君のために熱心に対応してこられたことをねぎらった。そして，「A君とのカウンセリングでは継続してお話を聞いていくので，次回以降お母さんにも一緒に来ていただき，これまで支えてこられたお母さんのかかわりや，お母さんから見たA君の様子を教えていただけないでしょうか」とお願いすると，「大丈夫です」と快諾された。そして，次回面接まで，これまで通りの対応を続けてもらうこととした。

（3）セラピストの仮説と働きかけの方針

　初回面接の後，Thは現状のA君とその関係者の相互作用について以下のように仮説を立てた。

【相互作用】
　①B君：ゲームについて話す⇒A君：間違いを指摘する⇒B君：反論する⇒A君：さらに反論する⇒……B君：怒ってゲームをやめる
　②母親：A君に「何かあったの？」と聞く⇒A君：「言いたくない」（答えない）⇒母親：心配になりさらにA君に質問する⇒A君：答えない⇒……A君：怒って部屋に戻る⇒最初に戻る

　A君との面接では，「学校での友人関係」の話題で相互作用①に焦点を当て，同時に家庭での相互作用②を扱っていくこととした。また，母親面接では，A君への対応に少し自信を失っている母親へのエンパワーメントを優先しながら，相互作用②を扱っていくことを方針とした。

第2回面接

　状況は前回と大きくは変わらず，学校には体調によって朝から行けるときと行けないときがある，前回以降もB君とは話しておらず，他の友人とも話すことはほとんどないとのことだった。
　学校での変化としては，月に一度の席替えがあり，一緒にゲームをしたことがある友だち（C君）が後ろの席になった。また，授業中に配布物を後ろの席に回す際に，C君とその配布物のことで少しだけ会話ができたことが語られた。

（1）A君への働きかけ

　Th　：中学に入ってからの周りの友だちは（ゲームの）レベルが低いんやね？

Ａ君：はい，低いですね。

Ｔh　：なるほど，事実を言っても理解できない？

Ａ君：はい。

Ｔh　：ごめんね，変なこと言うようやけど，ゲームのことに限らずやねんけど，Ａ君て，クラスの子らと比べて，いろんなことにすぐ気づきすぎてない？　Ｂ君との喧嘩のときもほかの子らは気づいてないことを指摘したんよね？

Ａ君：はい，そうでした。

Ｔh　：話を聞いてると，頭の回転は速いし，ゲームの知識は豊富やし，友だちのこともいろいろと見えすぎてない？　周りも気づいてないことにすぐに気づいちゃうところがないかな。

Ａ君：あー，あるかもしれないです。

その後，Ａ君からは，自分の頭の回転が速いことや，ゲームで周囲は気づいていないことに自分はすぐに気づくことが自慢気に語られた。Ｔhは「なるほど，やっぱりすぐ気づいちゃうのか」とその都度伝えた。

Ｔh　：前回話してくれたみたいにＡ君がもし，またゲームを一緒にやってもいいかなと思ってるなら，Ａ君が周りのレベルにちょっとだけ付き合ってあげるってことは考えられるかな？

Ａ君：付き合ってあげる？

Ｔh　：気づいたことがあっても，すぐには言わない。一人だけ気づいちゃってたら変に浮いちゃうからね。Ａ君が気づいていることをどう出すかとか，タイミングを考えていくだけで，小学校の頃みたいに「めっちゃくわしい人」って思われることができるかもしれへん。

Ａ君：言わない……言いたくなる（笑）。

Ｔh　：そうやんな，言いたくなるよな，気づいてるんやもん，それはそうやわ（笑）。でも言わないようにするんじゃなくて，言うタイミングとか言い方を変えるだけ。そうやってちゃんとＡ君の力をみんな

にわかってもらわないと，揉めごとで終わるのはもったいなくない
　　　かな？
　A君：うーん，たしかにもったいないです（笑）。
　Th　：もったいないよね。じゃあ，これからタイミングとか言い方を一緒
　　　に考えていくのはどうかな？
　A君：大丈夫です。お願いします。

　A君が友人に「自分から話しかけたことがない」ことについては，プリン
ト配布時にC君と会話できたことをコンプリメントしながら，なぜ会話でき
たのかを尋ねた。すると，配布時にA君が「はい，どうぞ」と発話していた
ことが語られた。そこで，Thは「普段，A君が『話してもいいよ』って内
心思っていることが，友だちからは見えにくくなってるかもしれない。その
ため，これに関しても周囲にわかるように出し方を考える必要がある」こと
を共有した。
　話しやすいのはやはりゲームの話題とのことだったが，いきなり自分から
ゲームの話をするのは難しいとのことだったので，もっと身近な学校の話題
を考えた。その結果，A君から出てきた最もハードルの低い課題が，「授業
の宿題や配布物」に関するものであった。

（2）母親へのエンパワーメント
　母親との面接では，これまでの子育ての大変さや苦労について語られた。
　小学校のときは，学校の先生と連絡ノートでやりとりしていたため，状況
が見えていたが，中学校になると担任の先生がすべて把握しているわけでは
ないので，あまり共有できておらず，そのことが母親の不安の一因になって
いた。また，現在はA君が何を考えているかわからないことが多く，「何か
あった？」と聞いても答えてくれず，反抗的な態度をとられると心配でさら
に聞いてしまい，余計に怒らせてしまうと語られた。
　Thは初回面接同様に，母親の語りを共感的に聞きながら，子育てでたく
さん悩みながら対応してこられたことをねぎらった。そして，小学生のA君

が楽しく過ごせたのは母親の対応のおかげであると肯定的に伝えた。そのうえで, A君の状況がこれまで以上に見えづらいため, 心配になり, たくさん聞きたくなることは当然であると伝え, 「A君の『反抗的な態度』は, お母さんの対応のおかげで成長してきた結果, 思春期へと『成長している証』ともいえるのではないか」と伝えた。

第3回面接

(1) A君との面接

前回の面接の後, C君に話しかけることができたことが語られた。話しかけてみると案外簡単で, たちまちゲームの話もできるようになった。Thは驚きを示して, A君の対応をコンプリメントした。A君はできて当然という表情をしつつ, 少し満足気だった。また, 同じことがC君以外にも可能かと尋ねると, 「もう一人話せそうな人がいる」と語られた。Thは, 「決して無理はしすぎないように。もし可能であれば, 『話してもいいよ』というA君の内面を少しだけ出してみてほしい」と伝えた。

また, 学校からの連絡を母親にみずから話したことがあったこと, さらに, 母親からの現状確認の頻度が少し減っているように感じていることが語られた。Thは, 「お母さんからの現状確認が少しでも減っているのであれば, それはA君がみずから学校の連絡を伝えたことが, お母さんの安心につながった可能性がある。これからもたくさん聞かれるのはうっとうしいだろうから, 言いたいことだけでいいので, 今回のように『先出し』で伝えてみてはどうかな」と提案すると, A君は, 「学校の連絡とかならできるかも」と答えた。

(2) 母親との面接

A君が学校の連絡を自分から伝えてきたことが珍しいと, 不思議そうに語られた。Thは「変なことを聞いて申し訳ないですが, もしかするとお母さんがA君に話を聞くことを少し抑えてもらってますか?」と尋ねた。母親は「我慢しているつもりはないが, Aが反抗的になったり怒ったりしたら, 前

より少し間を空けるようにしている」と語った。Thは「思春期は何に対してもイライラしやすい時期だが，お母さんが少し間を空けるようにしてくれたおかげで冷静な時間ができて，それが学校の報告に影響しているかもしれない」と伝えた。母親は「たしかにAから話してきたときは，イライラしていなかった」と，少し腑に落ちている様子だった。

第3回面接以降

　A君はC君と会話できたことをきっかけに，C君の友だちともしゃべるようになり，少しずつ話せるメンバーが以前のように戻ってきているようであった。また，学校での会話だけでなく，再びゲームを一緒にするようになった。さらに，以前揉めたB君もゲームに参加することがあったが，とくに問題なく遊べた。そしてゲームだけでなく，映画や買い物に行ったことも語られた。

　母親は，依然として反抗的な息子への対応に苦戦しながらも，以前より楽しそうに学校に行けているA君を見て，安心できているとのことであった。また，タイミングによってはA君が学校のことを話してくれることがあり，母親自身も話しかけるタイミングを見計らうようになった。

　A君の友人関係でのトラブルはその後も何度か生じたが，「ゲームに勝つために必要なことでも言わないように我慢した」「わからないふりをすることで揉めるのを避けられた」ことなども語られ，Thは「周囲のレベルに合わせることの苦労」をねぎらいながら，うまく友人と付き合っていることをコンプリメントした。

　第7回面接時点では，学校に毎日問題なく行けるようになった。身体症状に関しては，テストの前は軽く頭痛があるとのことだったが，気分の落ち込みやめまいに関しては日常生活に支障が出ないほどに回復した。

考　察

（1）発達障害の特性を相互作用で見立てる

　障害支援は，医学モデルの直線的因果律による医師の診療を基本としているが，発達障害にまつわる心理社会的な現象を扱うには，円環的因果律に基づくシステム論的な視点を併せもつことが有効である。(1)(2)またシステムズアプローチでは，「ある人のある行動が問題であると定義づけられるためには，その定義づけをしているコミュニケーション相互作用が存在しており，その相互作用が変化することは，結果的に問題が解消する(3)」とされている。

　本事例の母親がA君に現状の確認をしても話してくれないという現象は，「コミュニケーションの苦手さ」「言語化できない」などの発達特性や，思春期の「反抗期」の問題として捉えることができるかもしれない。一方，相互作用の視点に立つと，A君－母親間のコミュニケーションは，学校の先生を含めたシステムで考えることができる。母親は，小学校のときは連絡ノートを介して先生としっかりコミュニケーションがとれており，A君から聞けない話も先生から聞くことができていた。しかし，中学校に進学後，先生との情報共有が希薄になったことで，母親－A君の二者間でのやりとりが増加し，『母親：A君に「何かあったの？」と聞く⇒A君：「言いたくない」（答えない）⇒母親：心配になりさらにA君に質問する⇒A君：答えない⇒……A君：怒って部屋に戻る⇒最初に戻る（相互作用②）』が維持されるようになったと考えられる。

　上記のような相互作用で見立てることで，発達障害の特性によって変化が難しいと思われる状況にも，アプローチできる可能性が生まれやすくなる。たとえば，相互作用②へのアプローチとしては，「母親が先生とのやりとりを増やす」「母親の代わりに父親が聞く」「本人が話すまで母親が待つ」「本人が母親から聞かれる前に報告する」など，さまざまな可能性が考えられる。このように，発達障害の特性として捉えられている現象を相互作用の視点で捉えることで，支援の可能性に広がりが生まれると考える。

（2）「発達障害」という枠組みから自由になる

　システムズアプローチによる発達障害をもつ成人への支援では，発達障害を枠組みとして扱うことで，支援者の柔軟性が向上するとされている。[4] 筆者は一時期，発達検査を数多く行うなかで，「発達障害の特性」という枠組みから離れられないことがあった。筆者にとって発達検査は，「障害特性が個人に内在するもの」という社会的な定義に準じた「ものの見方」を自身に定着させるのにうってつけのものであった。「発達障害の特性」という枠組みに縛られると，自己理解の促進や療育的な対応ばかりになったり，問題行動が固定的なものに見えてしまい環境調整を重視したりと，支援の方向性まで縛られていた。もちろん，自己理解や療育，環境調整は有効な方法であるが，それらは支援の1つの手段であり，システム論的な視点に立てば，援助者自身が「発達障害」という枠組みから自由になることが重要である。そのうえで，相談者にとってより有効で負担の少ない枠組みを用いて，オーダーメイドな方針を考えられることが大切である。

　A君とクラスメートの間で生じていた相互作用①は，一般的には「空気が読めない」「想像力がない」のような発達特性を用いた枠組みで理解しやすい。しかし，A君の場合，年齢や性格的にも「特性の自己理解」や「○○が苦手」「コミュニケーションの練習」などの枠組みが受け入れにくく，有効に機能しないと思われた。むしろ，自信満々に得意分野について語ることや，ゲームの深い知識やスキルは，A君が本来もつ力でありリソースであると考えた。そこで，「周囲のクラスメートよりさまざまなことに気づきすぎる」という枠組みを用いることで，行動変容しやすい形をつくることが可能になったと考えられる。

　このように，援助者が自分自身の枠組みから自由になり，状況に応じて柔軟に枠組みを扱うことが重要だと考える。

（3）A君–母親間のコミュニケーションへの対応

　本事例の母子間では，A君を心配して状況を聞こうとすればするほど，A君が反抗的な態度を示し，それを見てまた母親が不安になるという悪循環が

生じていた（相互作用②）。「発達障害児をもつ家族は，その子に対する強い持続的な不安から必然的に共生的な母子関係が形成される[(2)]」といわれている。A君と母親の相互作用②の維持の一因には，このようなA君に対する強い不安があると考えられた。そこで援助者は，悪循環を変えるために母親の不安を軽減するようなかかわりが必要であると考えた。そのため，母親のこれまでの苦労をねぎらい，エンパワーメントすると同時に，「反抗的な態度」は思春期への「成長の証」であるという文脈をつくることを意識した。

このように家族のこれまでの対応をねぎらい，エンパワーメントすることは重要である。家族の苦労に共感的に耳を傾けることは，家族が抱きやすい子どもへの不安を軽減させると同時に，対応困難になっていた状況に対する自信の回復につながり，結果的に家族内のコミュニケーションに変化が起こりやすくなると考えられる。

第3回面接では，「母親からA君への現状確認の減少」「A君から母親への報告」という新たな変化がみられた。そこで，分離面接の構造を活用してA君・母親それぞれに対してパンクチュエーションの打ち方を変えることで変化の定着を試みた。A君には「A君の報告のおかげで，母親の現状確認が減った」，母親には「母親の現状確認の減少のおかげでA君が報告できた」と，それぞれの行動が変化につながっているというパンクチュエーションを提示した。

このように，家族や本人へのエンパワーメントを行うなかで，変化が生じた際にはその変化を定着できるようなパンクチュエーションを提示することが有効であると考える。

おわりに

思春期は発達的な観点からもさまざまな変化が常に生じている時期である。その変化は生物学的な身体機能から社会的な対人関係に至るまで幅広い。発達障害や思春期の事例では，このような自然発達的な変化が経過に大きく影響していると考える。本事例のA君は，中学校という新たな環境下で壁にぶ

つかったが，自然な成長のなかで壁を乗り越えるきっかけをみずから掴んでいたと考えられる。

　援助者は常に起こっている変化に着目して相談者がもつ本来の力，リソースを引き出す一助になることが大切であるということを，事例を振り返りながら再認識することができた。

［文　献］
（1）早樫一男，団士郎，岡田隆介編『知的発達障害の家族援助』金剛出版，2002年
（2）十島真理，十島雍蔵『発達障害の心理臨床―基礎知識と家族システム療法』ナカニシヤ出版，2008年
（3）吉川悟，東豊『システムズアプローチによる家族療法のすすめ方』ミネルヴァ書房，2001年
（4）志田望「システムズアプローチによる神経発達症をもつ成人の支援の研究」（龍谷大学大学院文学研究科博士論文）2021年

第 10 章

強迫性障害
──コミュニケーションの読み取りと介入,言葉遣いと治療姿勢

Ito Hideaki
伊東秀章

はじめに

　強迫性障害は，DSM-5（米国精神医学会による「精神疾患の診断・統計マニュアル」）によれば，「①強迫観念，強迫行為，またはその両方の存在，②強迫観念または強迫行為は時間を浪費させる（１日１時間以上かける），または臨床的に意味のある苦痛，または社会的，職業的，または他の重要な領域における機能の障害を引き起こしている」ものとされる。[1]

　個人的な感覚として，強迫性障害の患者との心理面接を簡単だと思ったことはない。現在もいくつかのケースにかかわっているが，慎重に丁寧に対応しようとこころがけ，治療成果を祈るばかりの日々である。強迫性障害の患者がもつ繊細さやこだわりは，患者自身のアイデンティティでもあるように感じられるので，そこに丁寧に対応するようにしている。一方で，その点にThがこだわりすぎて巻き込まれないように，柔軟な対応を維持する大事さも痛感する。

　筆者の専門はシステムズアプローチであり，精神疾患や心身症のみならず，不登校や虐待事例も含め，心理的な問題とされるものを解決する糸口はコミュニケーションにあると考える立場である。コミュニケーションを糸口にすることで，目の前にある家族同士のコミュニケーションのみならず，セラピストとクライエントのコミュニケーションをも対象にすることができ，多様な切り口で援助できる可能性が広がる。ゆえに，それぞれの症例におけるコミュニケーションの読み取りには気を配っている。

これまで筆者（事例ではThと記す）がかかわった強迫性障害のケースのうち，特徴的なものがいくつかあった。それらは，患者のみならず，両親が可能な限り面接に参加してくださり，目の前でさまざまに会話を繰り広げてくれたケースであり，筆者の認識は大きく改められた。症状は，家族それぞれの協力と本人の努力，そしてその合わせ技で，大きく変わるということが実感できたからである。以下，守秘義務遵守の観点から実際のケースに改変を加え，架空ケースの形式で紹介する。

事例の概要

　強迫性障害に悩む高校生の男子（以下，IPと記す[※1]）である。

　IPは父親と母親との３人家族。本人はもともとスポーツに熱心で，サッカー部で活躍していたが，中学３年生となり部活を引退。その後，高校受験に向けて勉強していたが，徐々に調子を崩し，強迫観念や強迫行為が出現した。その後，高校への進学を果たしたが，病状は変化なく困っていた。高校２年生の２学期以降悪化し，精神科病院を受診，医師の紹介で心理面接を行うことになった。

初回面接

　IP：頭に悪いイメージが浮かんで，「やってしまったんじゃないか」と思う。人を傷つけてしまったんじゃないか，自分は絶対したくないことをしてしまったんじゃないかって思うんです。でも，やったかやっていないか，わからないから……。

　上背があり，たくましい体つきの16歳の青年は，自信なさげに，とつとつと話をつないだ。どうやらいろんなことについて「やってしまったんじゃないか」と不安を感じている様子。精神科のカルテを見ると，加害についての心配，モノを落とすことの不安など，強迫性障害と呼ばれる症状に悩まさ

れていることが伝わってくる。

　昨年に受診してから服薬治療を続けていたが，効果が今ひとつ得られていないようである。高校2年生になって以降，症状は強くなってきたようだ。

IP：脳の検査をしてほしいんです，こころの病気というよりは，何か脳がおかしくなっていると思うんです。だんだん不安が強くなっているように思うし……。

　話を聞いていると，彼のしんどさがどんどん伝わってくる。何とか支援できる方法を探さねばならない。そこでいくつか質問をしていくことにした。

Th：ここまで本当に大変だったね。さて，ちょっと聞きたいんですけど，今まで本当によく頑張ってこられたなぁと思ってるんだけど，現状，誰かに相談とかできてるの？

IP：母親ですかね。

Th：どう相談してるのかな？

IP：不安に思っていることを言ったら，「モノを壊してないよ」「大丈夫だよ」って言ってくれます。

Th：なるほど。それでどうなるのかな？

IP：そうは言ってもなかなか，そう思えなくて，それでケンカになっちゃったり……。

Th：そっか，それはしんどいねぇ。

　このやりとりで，Thは，IPのコミュニケーションを分析している。まず，ここまで彼は，Thにしっかり応答ができている。IPは自分の思いを伝えることができ，Thの質問にも適切に答えている。少しずつ心理面接のための関係ができ始めている，とThは考えている。心理面接においては，IPや関係者が自分の思いを表出できる関係を築くことが重要なのは言うまでもないが，ThがIPの感情に巻き込まれすぎることなく，自由に質問できるポジシ

ョンを維持していることも重要だ。

　また，IPの話す内容をもとに考えると，彼は母親に相談はしているものの，母親から「症状が不合理であると説得」され，IPは「納得できず，言い返し」て，2人はこの問題に関して対立状態のコミュニケーション（相称的コミュニケーション⁽²⁾）をとっていることがわかった。IPが悩んでいる症状に関して，周りにしんどさを訴える結果，対立が生じていると考えると，現状がIPにとってしんどい状態であることがわかる。システムズアプローチの立場からしても，症状を維持しているコミュニケーションの一部に見える。

　果たして，本当にそのようなコミュニケーションなのだろうか。待合室で待ってもらっていた母親にも面接室に入っていただき，様子をうかがうことにした。

　IP　：（母親へ）なんで買ってくれへんの？　参考書が汚れてしまったから，すべて買い替えてほしい。このままじゃ勉強できないよ。

　母親：（IPへ）そんなわけないでしょ，あなたが病気だから。

　IP　：いつ買ってくれるん？

　母親：待ってって言ってるでしょ！

　IP　：早く買ってよ，買ってくれないと勉強できない。なのに勉強しろっていう。お母さんが悪い。

　IPとThの2人での面接では大人しかったIPは，母親と同席面接になって様子が一変した。この場の治療システムのパターンとしては，IPと母親の要求が繰り返されて緊張感が高まり，IPがThに質問して場の緊張を下げるということが繰り返されていた。Thは何とかこの関係を変化させられないか，糸口を探していた。

　母親：私だってどうしたらいいかわからないわよ！

　IP　：（驚いて母親を見る）……でも，でも……。

　Th　：……でも，お母さんがこんなに困っているって知ってた？

IP　：いや，知らなかった。

　初回面接を終えて，Thが考えていたことは，母親とIPのコミュニケーションパターンに変化を起こせないだろうかということだった。IPの訴えに対して，母親も必死に，IPの不安が小さくなるよう声かけをしていると考えられたが，ケンカの種になってしまっている。そこで筆者は，IPに対しては，「母親の困り感」を下げるために，「母親にサポートしてほしいこと」を考えることをお願いした。また母親に対しては，一時的にIPの訴えを聞いてもらうようにお願いした。次回以降，よい切り口が見つかることを祈りつつ，IPと母親のことを心配しながら初回面接を終えた。

第2回面接

　2回目の面接には父親とIPが2人でやってきたため，一緒に話を聞いた。IPが現状について話をするのを，父親は神妙な面持ちで聞いている。するとIPが，「サポートしてほしいこと」をThに伝えてくれた。

IP　：この前から，周りの人にどうサポートしてほしいか考えてきたんですけど。この頃，体重が気になってきて，何とかしたいんです。だから，ちょっと特別なプロテインを買ってほしいんですけど。
父親：……。（心配そうに見ている）
IP　：それさえ買ってくれたら，元気になれるから。
Th　：お父さん，どう思われますか？
父親：うーん，まずはからだを動かして，何とかしたほうがいいんじゃないかなぁと思うんですけど。
Th　：はぁはぁ，お父さんはからだを動かしたほうがいいと思っていて，あなたはプロテインを買ってくれたらいいなぁってことね。
父親：まずは，しばらく運動したらどうかな？　それから考えてみたら？
IP　：うーん，それもありかなぁ。

Th ：本当にありなの？

IP ：最近，運動してないし……。運動できないと思う。

Th ：（父親へ）と，言ってますけど。

父親：じゃあ，お父さんも一緒にするとかどうや？　朝ジョギングとか。

IP ：……それならたぶん，大丈夫。でもプロテインも欲しい。

父親：うーん。

Th ：何か，プロテインについてのご心配があるんですか？

父親：そのプロテインが，本当にからだにいいのか心配だし，最初から食べ物をどうこうすることがいいとは思えなくて。

Th ：なるほど。じゃあ，IPがプロテインについてちゃんと調べてきて，お父さんに伝えて，お父さんもちゃんとその話を聞いてもらえますか？　何ならお父さんもプロテインについて調べてもらったら嬉しいですけど。

父親：そうですね，そうします。

IP ：（うなずく）

　Thは，２人がこの場で今後のことを話し合えたことを共有しつつ，次回面接の確認をした。

　まず，この面接に父親が来たことが意外であった。初回面接では母親が話題になっていたため，母親が来談するかと思ったが，父親が来たのはどういうわけだろうか。前回の面接を経て，母親ではなく，父親に協力を得たいと思ったのだろうか。もし父親からのサポートがうまくいけば，それまでのコミュニケーションパターンが変化するかもしれない（図10-1）。

　前回も話題に出た強迫性障害やその不安についての話もあったが，むしろ体重についての心配がIPから話されたことは，Thにとって変化の期待が高まる。「症状」などとは違い，「体重」の話題は新しい困りごとであり，変化が期待できるかもしれない。

　しかし，面接前半にみられたように，２人は「プロテインを買うかどうか」や「運動をするかどうか」についてお互いに主張し合って対立しており，

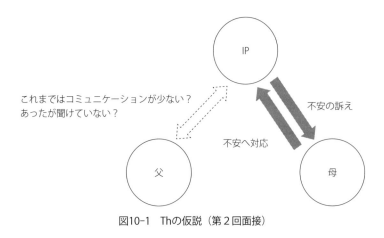

図10-1　Thの仮説（第2回面接）

今後の行動が変わるようには見えない。システム論の観点からは，同様のコミュニケーションが父子間で継続的になされている可能性があると考えられた。そこでこの両者の違いを明確にしつつ，やりとりを促進することで，今後の方向性についてコンセンサスを形成した。このとき，とくにThが気をつけているのは，父親の主張だけをIPに伝えるのではなく，IPの主張を父親に伝えるということである。運動をすることと同時に，プロテインの購入についても検討することが大事であることを確認した。その結果，両者ともに取り組む内容を確認できたのではないかと考えた。

第3回面接

今回は，両親とIPの3人が来談した。面接室に関係者が3人も入ると，部屋はいっぱいである。Thから見て左に母親，真ん中にIP，右手に父親という並びである。

前回の面接以降，IPが日常生活に散歩やマラソンを取り入れるようになり，父親も同行していることが話された。また，体調の悪さを訴えることが減り，勉強も再開したようである。すでに父子関係は少し以前と違っている様子だ。IPの強迫性障害に関する訴えに対して，父親は「IPなりにうまく対応してい

るところもあるように見える。本人が頑張っている，だけど大変そうだ」と述べた。ThがIPに確認をしたところ，「この頃の父は今までよりも僕のことをわかってくれている感じがする」とのことであった。上々である。

　しかし，強迫性障害の症状に関する話を始めると，一気にもとの家族が顔を出す。IPは周りに自分の不安を下げるように要求し（頭がよくなるサプリメントを買ってほしい，など），母親はその要求を拒否する，または受け入れるかのような言動をするが，IPはさらに要求を繰り出し，母子関係の対立はエスカレートする。そこで父親が「そんなことをする必要はない」とIPを説得すると，IPは多少の落ち着きを取り戻すが，少しするとまた要求を再開する，といった様子であった。

　前回以降の多少の変化からすると，父子関係の活性化こそがキーポイントになるのではないかとThは考えて，面接に挑んだ。

Th　：（父親に）どうしたらIPに「ちゃんとサポートするよ」ということが伝わるかを，お父さん，IPと相談してもらえませんか？

父親：（Thへ）調子がいいときは，IPは自分で何とかできるんですけどね。常に「買ってほしい」って言ってるわけではないので。

IP　：（父親へ）いつもだよ。

父親：（Thへ）調子が悪いと，こういうのが出てくると思います。

Th　：ですよね，「どうしたらサポートされているとIPが思える」でしょうかね？

父親：どうやって支えたらいいかわからないんです。

IP　：何でサプリメント買ったらだめなの？

母親：サプリメントを買ってあなたが……。

Th　：あ，お母さん，すいません，ここはお父さんに頑張ってもらっていいですか？

母親：あ，そうでしたね……。

父親：（IPへ）サプリメントを買うこと自体が，強迫性障害に負けてしまうことになっちゃうからさ。

IP　：（うなずく）

父親：（IPへ）強迫性障害に餌をあげるかたちになってしまうから……。

IP　：（うつむく）

Th　：（父親の発言を遮りつつ）お父さん，すいません，聞こえていると思いますよ？　（IPへ）ごめん，聞こえてた？

IP　：（顔を上げ）……うん。

Th　：そうなんだけどさ，それはわかったってこととか，だけど不安とかいうことを，お父さんに言わなくていいの？

IP　：（小声で）サプリメント買ってくれへんと，勉強できないと思う。

父親：（うなずく）

Th　：ごめん，お父さんのうなずくの見れてる？

IP　：……。（不思議そうに首を傾ける）

Th　：（IPへ）やろう？　お父さんの顔，あなたも見ないといけないんじゃない？（父親へ）すいません，お父さんのうなずき，IPにちゃんと伝えてもらってもいいですか？

父親：そうかぁ，そう言われてもIPは不安なわけやな。

IP　：（不思議そうに父親を見る）

Th　：そうそう，ちゃんとお父さんの顔見てほしいのよ。

　前回以降，父親とIPは体重コントロールのための運動などを行うことによって，コミュニケーションがよりうまくいっている状態であり，そのことは促進すべきポイントとThは考えている。

　さらには，「強迫性障害」への対応そのものについて，これまで母親が中心になっていたものを遮断し，父親に対応してもらうように促進しているのがこの面接である（図10-2）。思春期・青年期の事例において，IPへの対応が母親中心だった状態から，父親にもより積極的に参加してもらうかたちにするというのは，よくみられる介入の１つである。これは，父親，母親（または両親），IPのうちの誰かが悪いというのではなく，変化しやすそうに見えるコミュニケーションを変化させることが目的である。

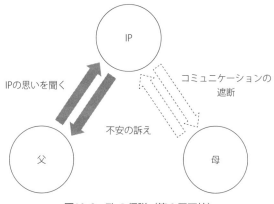

図10-2 Thの仮説（第3回面接）

　一方，現状では，父親・母親ともに，IPに対して「強迫性障害」が不合理であるという説明をしていた。母親のみならず，積極的に父親がかかわっていることが，すでに変化といえるかもしれないが，さらに「『父親がIPの不安についてわかろうとしている』ことがIPに伝わること」が重要であると枠づけ，その場でコミュニケーションの変化を促進している。加えて，IPが現状の考えを父親に伝える必要があると明確に示している。つまり，父親がIPへ説明し続けていたことの責任の半分はIPにもあるということを示している。システムズアプローチでは，「どちらかが悪い」という立場は極力とらず，変化を促進することのみに力点を置いて対応する。一方へ変化のお願いをしたら，もう一方へも枠組み（フレーム）を逆にしてお願いし，変化を促進することが有益だと考える。

第4回面接以降

　前回の面接以降，IPの症状は比較的落ち着いているようであった。また父親は，「この頃，IPが頑張りすぎているように見えるから，ちゃんと休んだほうがいいのではないか」と，IPのいる面接場面で心配を示すようになったが，むしろIPは「何とか頑張ろうと思います」と前向きな姿勢を見せた。母

親は，以前に比べて落ち着いてIPとかかわることができている様子で，面接場面でも朗らかな応答が目立つようになり，IPと言い争うことはなくなった。その後のフォローアップ面接では，症状が軽快し，IPと家族の日常生活に大きな問題がなくなったため終結となった。

考　察

（１）現状のコミュニケーション・パターンの仮説化と再構造化

　本ケースは，強迫性障害の高校生男子であるIPとその両親のコミュニケーションに注目して対応を行った。

　システムズアプローチの立場では，ケースのアセスメントは個々人の人格などを対象にはしないため，IPや父親，母親，それぞれについてのアセスメントは不要である。その代わりに，それぞれの関係性であるコミュニケーションについて仮説を立てるようにする。あくまで「仮説」であるので，真実のコミュニケーションがあってそれを厳密に査定するという考え方ではなく，「こう考えられるのではないか」というレベルで仮説立てをすることが重要である。この実用性重視の考え方こそがシステムズアプローチの基本であり，IPとその関係者が維持する症状に関するコミュニケーションが変化することによって，症状そのものが解消されることを目的としている。

　本ケースでは，まずIP–Th間の治療システムのコミュニケーションが観察できた。この二者間ではIPが主訴を訴えつつ，Thも質問を行うことで必要な情報を集めることができており，治療関係を築く途中であったといえよう。しかし，母子とTh，父子とTh，両親とIPとThといったさまざまな治療システムの違いによって，その場で見せるコミュニケーションは異なっていた。Thとしてはすべての関係者との関係を築き，治療的コミュニケーションをコーディネートする責任があるため，関係者へのジョイニングは必須で(3)(4)(5)ある。そのうえで，家族間や治療システムのコミュニケーションについて仮説を立てる必要がある。

　まずは，母親とIPのコミュニケーションであるが，お互いが対立的（相称

的）なコミュニケーションであり，IPの不安の訴えに母親が対応しようとするも，IPの訴えがエスカレートしている相互作用が起きているとThは考えた。そして，この状態では，強迫性障害の症状が維持されているとThは考え，変化の糸口を探していくこととなった。

父親とIPが来談した第2回面接で父子間のコミュニケーションを観察したところ，母子間ほどのエスカレーションはみられなかった。また，初回面接では，「症状にどう対応するか」という話題を母子で取り扱うことは糸口が掴みにくかったが，第2回面接では，「体重を減らしたい」という話題を父子で取り扱うことで，これまで扱われていなかった話題を異なる関係者で話し合うこととなり，変化の導入として有効ではないかとThは考えた。さらには，母子関係と同様に『親がIPにアドバイス⇒IPが受け取る，もしくは反発する』というコミュニケーションが父子関係にも観察できたため，その変化をThは促そうとしている。これは，もともとのコミュニケーションを変化させることが，症状に関するコミュニケーションを変化させるために重要であるためである。

第3回面接では，より明確に変化の方向性をThがリードする展開となっている。とくに，IPが不安を訴えかけたときに，母親が不安を下げようと対応するのを遮断し，父親にその役割を行うよう指示している。さらには，「父親がIPに対してアドバイスする」といういつものパターンだとThは考えたため，IPが父親のアドバイスを聞いているのを確認しつつ，父親のアドバイスを途中で止め，IPの考えを父親に伝えるよう指示した。このことで母子関係のコミュニケーションをやや弱め，父子関係のコミュニケーションを活性化させようとしている。

このようなシステムズアプローチの介入はすべて，現状のコミュニケーションの仮説に基づいて，変化が起こりやすい糸口を探し出し，そのコミュニケーションに注目し，変化を導入するプロセスである。このような指示的な介入であるからこそ，あくまで悩みの中心である症状などの解消が目的であり，「家族関係を正しくする」といった目標設定ではないことを明記しておく。

また，上述したジョイニングや治療姿勢など，IPと家族，Thが治療関係

を構築するための姿勢はことさら重要である。誤解を恐れずに述べるならば，IPと家族の意向を最大限に尊重し，彼らが許容できる範囲から変化を起こしていけるためのコラボレイティヴな関係構築とThの治療的な決断が重要だと筆者は考えている。

（2）「誰が悪者か」は言葉遣いに表れる──治療姿勢と質問の仕方

　本ケースでは，多様な「サポート」が扱われた。「サポート」をすることが精神障害の患者にとって有益だ，という通説ではなく，「サポート」という表現（言説）を用いてコミュニケーションの変化を試みているといえる。

　たとえば，ＡとＢという二者を想定してほしい。臨床的に考えるならば，たとえば，Ａが家族，ＢがIPである。Thが，Ａに「Ｂをどうサポートしますか？」と質問するとする。この場合，Ａが「しんどくなっている相手」であるＢをサポートするために自分が何かをするという関係になる。つまり，「Ｂが問題である」という前提が潜んでいる。また，場合によっては，「Ａの対応が問題である」という文脈で受けとられることもあろう。しかし，ThがＡに対して，「Ｂが『サポートされている』と思えるためには，どうしたらいいか？」と聞いた場合，これはＢが話題の中心でありつつ，その対応の主体はＡである。結果，ＡとＢ両者に対応の責任があるという前提が含まれている質問といえる。

　このケースでは，「誰が悪者か」という問題の対立に対して，Thが苦心している。初回面接で，IPが「お母さんが悪い」と言っているように，IPは「母親や父親が悪い，参考書やプロテインやサプリメントを買ってくれないせいだ」などと考えている。一方で両親は，「IPが病気でありIPが問題，必要なのはプロテインやサプリメントではなく本人の運動や努力」などと考えている，ように見える。

　そこで初回面接では，「お母さんがこんなに困っているって知ってた？」とThがパンクチュエーションを打ち替え，「お母さんの困難感が問題」と枠組みを変化させつつ，IPに乗りやすい枠組みでありながら，IPが「どうサポートしてほしいかを考えよう」という問題を共有している。第２回面接で，

IPが「どうサポートしてほしいか」考えるようお願いしたり，第3回面接で，父親が「ちゃんとサポートする」ことがIPに伝わる方法について相談するよう指示したりすることは，関係者の誰かを悪者にしないという前提で展開していたものである。

　この「誰が悪者か」という問題で，関係者の一方に肩入れしすぎると，もう一方の関係者との治療関係が遠のいてしまう。そのため，関係者全員とのバランスをとりながら，方向性を考えていく必要がある。現状のコミュニケーションを明らかにしたうえで，関係者同士の枠組み（フレーム）を予想させる質問をしたり，相手の枠組みに沿った解決方法を模索するような質問をしたりすることで，それぞれの関係者の立場で質問ができ，治療関係を維持することができる。このような円環的認識論に立った治療姿勢こそが，複数の関係者との面接を展開するうえでは必要である。

※1　家族療法では問題とみなされた人のことをIP（indentified patient）と呼ぶことから，システムズアプローチでもその流れを汲んでIPと呼ぶことがある。

［文　献］
（1）American Psychiatric Association: *Diagnostic and statistical manual of mental disorders. Fifth edition.* American Psychiatric Publishing, 2013.（髙橋三郎，大野裕監訳，染矢俊幸，神庭重信，尾崎紀夫他訳『DSM-5精神疾患の診断・統計マニュアル』医学書院，2014年）
（2）Watzlawick, P., Bavelas, J.B., Jackson, D.D.: *Pragmatics of human communication: a study of interactional patterns, pathologies, and paradoxes.* W.W.Norton, 1967.（山本和郎監訳，尾川丈一訳『人間コミュニケーションの語用論―相互作用パターン，病理とパラドックスの研究』二瓶社，2007年）
（3）東豊『セラピスト入門―システムズアプローチへの招待』日本評論社，1993年
（4）吉川悟『家族療法―システムズアプローチの〈ものの見方〉』ミネルヴァ書房，1993年
（5）田中智之「システムズアプローチにおけるジョイニングについての研究―ジョイニングの組織への応用の可能性」（龍谷大学文学研究科博士論文）2021年
（6）Anderson, H.: *Conversation, language, and possibilities: a postmodern approach to therapy.* Basic Books, 1997.（野村直樹，青木義子，吉川悟訳『会話・言語・そして可能性―コラボレイティヴとは？セラピーとは？』金剛出版，2001年）

第11章

メンタルクリニックでのブリーフ的支援

Hirayama Yuya
平山雄也

はじめに

　若かりし頃にこころとからだのバランスを崩したことが医師の道を歩むきっかけとなった僕にとって，「思春期のこころとからだ」はまったく人ごととは思えないテーマだ。心療内科・精神科クリニックを2年ほど前に開院したのも，当時の僕が「こんなところに通いたい」と思うようなクリニックを開きたい，との思いあってのことである。目指すは，「不安や心配を含めたさまざまな思い，病気や症状に直接関係しないようなことも安心して相談したり語り合ったり，薬以外の工夫や方法についても一緒に考えたり」することで，こころとからだのつながり，さまざまなリソースとのつながりを取り戻し，「本来の力を発揮できるようになり，より自分らしく生きる未来につながる」きっかけになるようなクリニックだ。そのために自分なりに力を尽くしてきたつもりだが，おそらく期待したような変化がなく受診が途絶える方もいて，どうすればよかったのかとカルテを振り返ることもしばしばであった。そうやって試行錯誤するなか，1年ほど前に出会ったブリーフセラピーは，そんな僕の問いへの処方箋となり，目指すクリニックに近づく具体的な方法や方向性を指し示しているように感じられ，書籍や研修を通して学び始めた。

　クリニックを訪れる患者さんは20〜40代の女性が中心で，思春期と呼ばれる年代の患者さんは2割ほどである。そのほとんどはストレスに起因する不眠や頭痛，腹痛などの症状があり，学校にもあまり行けなくなって，母親と

２人で受診する。ブリーフセラピー初学者の僕が原稿を書くことには躊躇があるが，これから学ぶ方々の参考に（反面教師にも）なればという思いで，現時点でのそのままを，上記のような母子との診察場面を通して綴っていく（個人情報を保護するために，複数の事例を組み合わせるなど，事実に大幅な改変を加えている）。まず面接の経過を記載し，続いてアステリスク（＊）の後に，セラピスト（Th）がそのとき抱いていた仮説や，やりとりの意図などを述べることにしたい。

その１　診察前

　Ａさんは16歳，高校１年生。家族構成は父親，母親，姉。中高一貫の進学校に中学から通い，エスカレーター式に高校進学後も勉強を頑張っていたが，夏休みを過ぎた頃から腹痛や頭痛などの症状を訴えるようになり，だんだんと学校を休みがちになって，受診の２ヵ月ほど前からはまったく学校に行っていない。母親が１ヵ月半ほど前に電話で予約をとった際は，母親がＡさんに「一度病院で話を聞いてもらったら」と受診を勧めたところ，とくに嫌がる様子はなく同意したとのことであった。

＊

　ブリーフセラピーを学び始めてから，患者さんのニーズや思いに，それまでより意識を向けるようになった。今回のような相談でも，「学校に行きたい，行けるようにしてほしい」「症状を楽にしてほしい」「眠れるようにしてほしい」「とにかく話を聞いてほしい」「お母さんがうるさい」「娘は怠けているようにしか見えない」など，人によって「思い」やその優先順位はさまざまだ。そこをこちらが捉えそこねて，勝手に「まずは眠れるように」とか，「学校に行けるように」とか，「ひとまず家でゆっくりして」などと話していてもなかなかうまくいかない。しかしブリーフセラピーを学ぶ前は，無自覚にそうしていたこともあった。もちろん今でも「思い」を捉えきれなかったり，捉えるのに時間がかかったりすることもあるが，「どうしたいです

か？」「どうなりたいですか？」「何を話したいですか？」などと直接質問したり，表情や動きなどからできるだけ推察したりするよう，よりこころがけるようになった。

　事前情報からもいろいろと考えられる。今回であれば，母親には「話を聞いてもらいたい」という思いがありそうだな，でも聞いてもらいたいのはＡさんの話なのか，母親自身の話なのか，両方ともなのか，それはまだわからないな，Ａさんの受診への思いははっきりしないが，少なくとも無理やり引っ張ってこられるわけではなさそうだな，など，いろいろな仮説が浮かぶ。まだまだ仮説なので盲信は危険だが，そんなことを思いながら診察に入る。

その2　まずは母子で診察室に

　Ａさん，母親の順に診察室に入ってきた。Ａさんはうつむき加減，母親はやや緊張した面持ちだ。2人に向け自己紹介した後，最初から3人で話すのがよいか，最初はＡさんと2人で話すのがよいか尋ねてみた。Ａさんはどうしようかという感じで首を傾げていたが，母親は「私には聞かれたくないこともあるかもしれないから，まずは娘だけから話を聞いてほしい」と話し，Ａさんもそれに同意した。母親には待合室で待ってもらい，まずはＡさんと2人で話すことにした。母親が部屋から出ると，Ａさんの表情は少し緩んだように見えた。

*

　Ａさんが先に部屋に入ってきたということは，そこまで嫌がっているわけではないかもしれない。ただうつむき加減なところを見ると，母親から押し出される感じで先に入っただけという可能性もある。最初の挨拶や問いかけへの反応からは，やはり母親のほうが診察に積極的なのかと思ったが，Ａさんと2人で話すことには同意したことや，母親が退室するとＡさんの表情が緩むところを見ると，Ａさんにも何か，母親がいないところで話したいというニーズがあるのかもしれない。最初は手探りの状態なのであまりいろいろ

やろうとせず，２人のニーズが一致していそうな「まずはＡさんだけで話す」というところに沿っている。

その３　Ａさんの「思い」

　Ａさんに「今日はお母さんに無理やり連れてこられた感じなんですかね？」と問うと首を横に振るので，何か話したいことや困っていることがあるのか聞いてみた。すると，夜なかなか寝つけず，そのときに「消えたい気持ち」が大きくなることがきつい，とのことだった。「消えたい気持ち」は「昼間はあまり出てこない」「具体的な方法を考えたり，準備したり，調べたりすることはない」「今後も何かしようという気持ちはない」と教えてくれたので，それらをホワイトボードに書き出した。寝つけないことは母親に伝えたが，「ずっとゲームをしたり動画を見たりしてるからでしょ」と言われたようである。夜起きてゲームをしたり動画を見たりして昼過ぎまで寝床で過ごしていることで，今でも母親とぶつかるようだ。そんな経緯もあって，「消えたい気持ち」については誰にも伝えていないとのことだった。また，学校に行っていないことを含め，原因やきっかけになるようなことはとくに思い当たらないと話した。

　「そんな気持ちになる自分はよくないと思ったり，異常なのではと心配になったりという方もいらっしゃるけど，もしかするとＡさんもそう感じるかな？」と問うと，うなずいた。「きついときに消えたいとか，そういう気持ちになることは誰にでもありうること，そういう思いが湧くのは変なことでもダメなことでもないこと」を伝えると，Ａさんはうんうんとうなずきながら聞いていた。

　「消えたい気持ちが大きくなったとき，どうやってしのいできたのか」と尋ねると，ゲームや動画で気を紛らわせているということだった。それらで「消えたい気持ち」はましになるが，他の対処はとくに思い当たらないようで，やはりきついから早く眠れるようになりたいとＡさんは語った。

　早く眠れることで期待できる日中の変化については，よくわからないとい

う感じだったが，「家族は何か気づくかな？」と問うと，「お母さんは気づくと思う。怒られることが減るかも」と答え，そうなると「ちょっと楽」と少し笑顔になった。薬については，「それで眠れるなら使ってみたい」と語り，副作用などとくに気になる点はないとのことだった。

*

　Aさんは母親に押されて受診しただけでなく，自身も話したいというニーズがあったようで，寝つけないことや「消えたい気持ち」が大きくなるなど，困っていることを話してくれた。「消えたい気持ち」についてくわしく聞き，切迫した緊急性はなさそうであることを確認しながら，ホワイトボードに書き出すなどして少し距離を置いて客観的にみられるよう，いわゆる外在化的に扱おうと試みている。対処やリソースの確認として，誰かに相談できているかどうかはよく尋ねるが，Aさんはまだすべてを伝えているわけではないようだ。

　また，「誰にでもありうる」などの言葉でノーマライズを試みている。ノーマライズに対しては，「しっくりこない」という反応があることもあり，そんなときは「でも今はそんなふうには思えないですよね」などとすぐに引き返して，今の状態に沿おうとする。あるいは，「こう聞くとどんな感じがしますか？」と尋ねると，今の「思い」を教えてもらうきっかけになることもある。一方，うつや不眠，動悸などが，「きつくなれば誰でもそうなりうる」というようなノーマライズだけで安心して楽になったという方もいるので，当たり前だが反応を見つつ伝えることが大事だろう。

　さてその後は，「（こんな大変ななかを）これまでどうしのいできたか」という「コーピング（サバイバル）・クエスチョン」を用いている。これは僕が解決志向アプローチ（Solution-Focused Approach：SFA）で学んだ質問のなかで，おそらく最も使っているものだ。「問題」についての語りから，リソースや「解決」についての語りへと自然につなげてくれるし，「こんな大変な状況を何とかしのいでいる」ことを暗に示唆することにもなる。この質問があるおかげで，患者さんが大変な状況について語っているときでも，「それ

でもこの方がここでこうやってお話しできているのは，何が助けになっているのか」ということに僕自身も意識を向けられるようになり，より落ち着いて「問題」の語りを聞けることが増えたように思う。また，この質問をきっかけに，「実は最近娘が話を聞いてくれていて」というような今まで語られていなかったリソースの話が出て，患者さんの表情がだんだんと緩んでいくことも多く経験する。

　今回は，ゲームや動画で「消えたい気持ち」がましになることがわかったが，他には思いつかないということだった。もうないかもしれないと思っていても「他には？」と尋ねると意外なリソースが出てくることもあるので，最近は「少ししつこいかな」と思うくらい確認することが増えたが，今のところしつこくて失敗したという感じはない。

　また，「早く眠れる」ようになることでさらに期待できる変化について，母親の視点も使って少しイメージを膨らませてから，薬のニーズを確認している。薬を使うことには，その後の変化を観察しようとする気持ちになりやすいという利点もあると思うが，このようにイメージを膨らませることで，薬での変化の観察範囲を症状以外のこと，日常生活や人との関係などにも広げてもらえる。

その4　「思い」を母親に伝える？

　そんな気持ちになるということは今が一番しんどいのかと思っていたが，無理をして学校に行っていた2ヵ月前のほうがきつかったようで，今は前ほど「学校に行け」と言われなくなり，少しはましとのことだった。「まし」とはどんな感じか聞くと，頭痛や腹痛の頻度が減って家ではゆっくり過ごせる時間が増えた，ここ1ヵ月は母親の買い物についていくこともできるようになった，とのことだった。「まし」になった理由は他には思い当たらないようだ。最近は日中家にいるぶんにはそれほど困らないものの，母親に学校をどうするのか聞かれたり，スマホのことなどで怒られたりすると頭痛や腹痛が出るとのこと。

日中の過ごし方，どんなときが楽しいか，好きなことなどについて話した後，学校についての思いを聞いてみると，「勉強のことは気になるが，今は別に学校に行きたいとは思っていない」とのことだった。「今は，学校に行くかどうかはひとまず置いて，できるだけいろいろ言われず家でゆっくり過ごしたいって感じかな？」と尋ねると，うなずいた。

　そのうえで，「消えたい気持ち」を母親に言ってみるのはどうかと尋ねると，それには首を傾げた。「母親が自分（母親自身）のせいだと思いそう」「私が学校に行けないのも自分のせいみたいに言ってたことがあって嫌だった」と話し，そう思ってほしくないとのことだった。「消えたい気持ち」を抱えるくらいＡさんがきついことが伝わると，「学校に行けていないこと」「夜中にゲームをしたり動画を見たりしていること」「薬を使ってでも眠りたいこと」について母親も理解しやすいのではないかということ，「消えたい気持ち」を伝えても母親が自分のせいだと思わないようできるだけサポートすることを話すと，Ａさんはうなずきながら話を聞き，母親に伝えることに同意した。「説得みたいになってしまったけど，本当に大丈夫か」と確認すると，「大丈夫」とのことで，「自分から言うか，僕から言うか」と尋ねると，「先生から伝えてほしい」と話した。

＊

　SFAを学ぶなかで，「クライエントの３分の２に，予約をとってから面接に現れるまでの間に，すでに何らかのよい変化が起こっている」という「治療前変化」に関する調査結果を知り，それについてこちらから積極的に尋ねるようになった。これまでも患者さんが話してくれたり，たまたまこちらが尋ねると教えてくれたりすることはあったが，意識して尋ねてみると，たしかに思ったよりも多くの患者さんに「治療前変化」が起きていた。「治療前変化」が起きていれば，そのきっかけや原因を尋ね，もし起きていなくても「コーピング・クエスチョン」で，リソースや「すでに起きている解決」を教えてもらうことができる。SFAの質問はこのように，患者さん，そして治療者の意識と話題が解決に向かうきっかけになってくれる。もちろんタイ

ミングや患者さんのニーズを捉えそこなうとうまくいかないこともあるが，きっかけの作り方を知っていると，より安心して患者さんの「問題」を聞けるようになり，聞きながら意識を「解決」に向けられるようになったと感じる。

Aさんにも「治療前変化」が起きており，その中身やきっかけについて尋ねることで，リソースや「すでに起きている解決」のイメージから，「今は家でゆっくり」というひとまずのゴールを共有している。ただこのゴールは，母親との共有が難しい可能性もあるため，母親に「消えたい気持ち」を伝えることをAさんに提案している。

今まで伝えていないことを「伝えてみては」という提案は，多くの場合，最初は拒否されるが，伝えることにまつわる不安や心配，裏を返せばその方の「大事にしたいもの」を共有し，それについて話し合うことで，「それなら伝えてみようか」となることも多い。ただ今回はかなりこちらが「引っ張って」いる感じがあるので，改めて本当に大丈夫か確認したり，どちらから伝えるか話し合ったりすることで，少しでも「無理やり感」が軽減するよう努めている。

その5　母親の「思い」

その後，母親にも診察室に入ってもらい，三者で話を始めた。母親は，「学校に行けないなら仕方がないし，行くかどうかも自分で決めればよいと思うが，家でゲームばかりしているのを見ると怠けているだけなのではと思ってしまう」という思いや，「自分の育て方が悪くてこのようになったのでは」という思いについて話した。Aさんに「お母さんの育て方の問題なの？」と聞いてみると，ここでは「さぁ」という感じで首を傾げた。また母親は，「ここ2ヵ月あまり学校に行くよう言わないでいるが，本当はもっと言ったほうがいいのでは，自分の対応がこれでいいのか心配にもなる」と話した。ここでもAさんに，「前と今とどちらのほうがいいか」と聞いてみると，これには「今のほうがいい」と即答した。母親に「Aさんは今のほうが

いいようですね」と言うと，「それはそうでしょうね」と苦笑しつつも表情が和らいでいた。Aさんの体調や状況がなかなかよい方向に向かわなかったので，母親が父親に相談し，2ヵ月ほど前からあまり学校について言わないでみることにしたとのことだ。ちなみに父親は基本的には母親に任せて見守っており，そんな父親の距離感については母子とも「そんな感じでよい」と思っているようだ。姉はAさんのことを気にかけてか，2人で出かけたりもするそうである。

*

　母親の思いやニーズを確認している。やはりAさんが「怠けているだけなのでは」という思いもあるようだ。「育て方が悪い」という話は，Aさんに尋ねると否定するかと思ったが，母親の前だと「違う」とは答えにくかったようだ。だが，母親の「対応がこれでいいのか心配」という点については，Aさんに振ると「今のほうがいい」と即答してくれ，少しいい流れに。こちらとしては，母親の「対応がこれでいいのか心配」と迷いがある様子から，「今は家でゆっくり」路線に乗ってくれるかなという期待をもちつつ，父親や姉との関係や様子も確認している。関係はよさそうなので，父親や姉との関係について「以前からなのか」「出かけてどんな感じか」などもう少し話を広げてもよいと思う。

その6　母子の「思い」はつながるか

Th 　　：（Aさんに）あのこと，僕からお母さんに話しても大丈夫ですか？

Aさん：（うなずく）

Th 　　：（母親に）Aさんから，夜なかなか寝つけないってお話は聞かれてますか？

母親　：はい，聞いています。夜もスマホを遅くまで見て，朝も遅くまでダラダラしてるし，そのせいじゃないかって。時間を決めたり，

　　　　無理やり取り上げたりと，いろいろしたんですけど。

Th　　：お母さんとしても，いろいろと工夫してこられたんですね。

母親　　：でもなかなかうまくいかなくて。

Th　　：実は，その夜眠れないときのことなのですが。Ａさんが先ほど教
　　　　えてくれたのは，その眠れない時間に「消えたい気持ち」が大き
　　　　くなってくるみたいで，今はそのことが一番きつそうなんです。
　　　　（Ａさんに）違うなと思う点などはないですか？

Ａさん：（首を横に振る）

Th　　：今のところ大丈夫ですかね。何かあれば言ってくださいね。（間
　　　　を置いて）で，そのきつさを，ゲームをしたり，動画を見たりす
　　　　ることで何とかやり過ごしてるんですよね？

Ａさん：（うなずく）

母親　　：（目にうっすら涙を浮かべながら真剣な表情で聞いている）

Th　　：このことをお母さんに伝えてもいいかうかがったら，最初は心配
　　　　かけたくないから嫌だって。先ほどお母さんが「育て方が悪かっ
　　　　たかな」っておっしゃったけど，Ａさんが「消えたい」って思う
　　　　のもお母さんが「自分のせい」みたいに思うんじゃないかと，Ａ
　　　　さんはそうなるのが嫌というか，心配というか，されてて，言い
　　　　たくないって。（Ａさんに）ここまでも大丈夫ですか？　違うな，
　　　　とかあれば言ってくださいね。

Ａさん：（泣きながらうなずく）

Th　　：今の体調とか，学校に行けてないとかも，お母さんのせいじゃな
　　　　いんですよね？

Ａさん：（うなずく）

母親　　：（Ａさんの様子を見て涙を流している）

Th　　：お母さんは，お話を聞かれて，どのようなお気持ちだったりが，
　　　　あるでしょうか？

母親　　：いろいろ思うところはあるんだろうと思ってたけど，そこまで思
　　　　い詰めてるとは。（Ａさんに）気づけなくてごめんね。

Ａさん：（首を横に振る）

母親　：でも，聞けてよかった。

Th　　：（Ａさんに）「消えたい気持ち」が大きくなることはあるけど，す
　　　　ぐ何か行動するつもりとかではないんですよね？

Ａさん：（うなずく）

＊

　Ａさんは伝えることに同意はしてくれているが，ほとんど僕が話しているので，2人の表情や反応を観察したり，口頭で意向を確認したりしながら，できる限り慎重に話を進めようとしている。また，母子の協力体制が整いやすいよう，母親が問題だと捉えていた夜のゲームや動画を「消えたい気持ち」への対処法としてリフレームしたり，母親の不安が強まりすぎないよう，いわゆる「切迫した希死念慮」ではないことを改めてＡさんに確認したりしている。

その7　次回につなげる

　「消えたい気持ち」は昼間はあまり出てこないし，夜も何とか対処しようとはしているものの，やはりきついので「薬を使ってでも早く眠りたい」というＡさんの気持ちを改めて確認し，母親にも意向を聞いた。母親は，きついことはわかったし，眠ることは大事だと思うが，副作用が心配とのことだった。大事な娘さんのことであるしそれは当然と伝えつつ，「早く眠れる」ことでＡさんが期待している変化や，睡眠を改善する薬の種類，それらのメリット・デメリットを説明した。母親は，たしかにＡさんが眠れたら自分もよく眠れてイライラすることも減りそう，でもまずは漢方薬からだと安心と話し，Ａさんもそれに同意した。

　また母親も，2ヵ月前よりは今のほうが調子がよさそうだと感じているようで，「やはり自分（母親）が学校のこととかを前ほど言わなくなったのがいいのでは」と話した。他にも「まし」になったことに役立っていそうなこ

とを尋ねると，「お姉ちゃんと出かけられるようになったし，それが気分転換になっていそう」とのことだった。Aさんも「好きな音楽のこととかいろいろ話せて楽しい」と話した。

そこで，母親にこれからどうしていくのがよさそうか尋ねると，「ひとまず学校のことは置いて，もう少しゆっくり見守ってみたい」と話し，Aさんも「それだと助かる」とのことだった。まずはその方向としつつ，次回以降もここでこうやってお互いの考えや思いを話し合ったり，必要な薬を調整したりしていくことを2人に確認し，「こういうことがもっと続くといいなあ，もっと起こるといいなあという部分や変化を観察して，次回また教えてください」と伝え，初回診察は終了となった。

*

薬の副作用については今回のように，本人はあまり気にしていないが，母親は心配していることも多い。今回は母親の心配を「娘を大事に思う母親として当然」とノーマライズしたり，薬を使うことで症状の改善以外に期待できる変化について話し，2人ともに納得できるところに着地したが，難しい際はいったん保留にすることもある。ここでは薬で期待される母親の変化についても語られているが，薬を使うことで期待できる変化を広く話し合うことは，解決のイメージが膨らむことにも役立っていると感じる。

また，「治療前変化」について，母親にもその原因を含め確認すると，姉の話題や姉と過ごす時間に話題が広がっている。このように，同じ話題でも他の人の視点から語られることで，また別のリソースについて語られることも多く経験する。

SFAの中心哲学の1つは，「もしうまくいっていないのであれば，（何でもいいから）違うことをせよ」であるが，すでに母親はうまくいかなくなった際に父親と相談して「いろいろ言わない」という「違うこと」を試し，よい変化につながっている。そこでもう1つの中心哲学「もしうまくいっているのなら，変えようとするな」に従いそれを続ける，いわゆるDo Moreを基本に，薬の調整やクリニックでの話し合いを続けていくことや，よい点や変化

を観察してもらういわゆる観察課題を提案して，初回の診察を終えている。

おわりに

　ブリーフセラピーでの学びを日々の診察にどう活かそうとしているかを，思春期の母子の診察の展開を通じて書いてきた。実はブリーフセラピーを学んで一番感じている変化は，僕自身が楽な気持ちで診察できることが増えたことだ。その理由の１つは，「こちらが何とかしないと」という意識が小さくなったことだろう。以前はこちらが「よい方法を考えつかないと」「よいアドバイスをしないと」と思いすぎて，それが患者さんの「思い」や「ニーズ」にたまたま添えばうまくいくが，そうでないとうまくいかない，ということも度々あった。「クライエントが（彼らの）解決のエキスパート（専門家）である」「知らない姿勢」という言葉もブリーフセラピーで学んだが，相手に解決について教えてもらうために対話するのだという姿勢，ときには「迷ったら患者さんに教えてもらおう」くらいの姿勢で臨むことで，患者さんとより協働できるようになったと感じている。

　今回の診察場面だと，「消えたい気持ちを母親に伝える」部分など，まだまだこちらが前に出てしまっているところもあるが，最初から３人で話すか，母親に自分から伝えるかThから伝えるか，薬を使いたいか，今後どうしていきたいかなど，多くのことを母子に教えてもらっている。

　また，「コーピング・クエスチョン」や「治療前変化」など，「解決」に話題や意識が向くような引き出しが増えたことで，「問題」の話を聞いている間も，「解決」はどこかにあるという意識をもって聞けるようになったこと，そしてそんな引き出しのおかげもあり，「解決」について話し合う時間が以前より増えたことなども，楽な気持ちにつながっている。

　今後も学びを深め，こちらが楽な気持ちになれることでより「解決」や「リソース」に意識を向けやすくなり，それがまた自分の楽な気持ちにつながり，そして患者さんの楽な気持ちや変化につながり……という好循環を生み出していければと思う。

［文　献］

森俊夫，黒沢幸子『〈森・黒沢のワークショップで学ぶ〉解決志向ブリーフセラピー』
　ほんの森出版，2002年

第12章

未来のポジションから考える 思春期へのブリーフ的支援

Ito Yayoi
伊藤弥生

はじめに

　筆者は不妊専門クリニックの非常勤カウンセラー（Co）だ。クリニックで臨床を始めた当初は生殖医療の心理臨床の黎明期だったが，女性たちの思い詰めた表情とスタッフの真摯な姿に突き動かされ，必要なことのうち自分にできることは何かと問いながらやってきた。現在はソリューション・フォーカスト・ブリーフセラピー（SFBT）とナラティヴ・セラピー（NT）が主なアプローチだが，長らく折衷派であった。

　10年ほど前から疑問をもつようになった。ときにクタクタになるほど懸命にやっているが，これからもこんなやり方で続けられるのだろうか？　いや，一番問題なのは，本当にクライエント（Cl）の役に立っているかどうかだ。SFBTとNTの言葉で語るなら，その場の問題は解決したかもしれないが，それは「Clが自身の専門家であることに気づき，自分への信頼を得て，本当の意味で生きやすくなる」仕事とは違うのではないか？　という疑問だった。

　しかしそれから数年経ってブリーフセラピーと出会った（実際は院生時代に出会っていたが，SFBTをかじっただけで「ミラクルとか軽々しい！」と毛嫌いしていた）。SFBTとNTが性に合って，この2つを中心に学び始めた。次第に納得いく仕事ができるようになり，不要な力みもとれた。

　急な目覚めに見えるが，筆者はもともとブリーフ的だったようだ。カウンセリングの案内文にこのように書いていた。「不妊にお悩みの方は，治療のこと，人間関係，生活設計・人生設計などストレスフル。どんなに大きな船

でも積荷が大きすぎれば揺れるもの」。人が問題なのではなく，問題が問題であると考えるNTの姿勢と一致する。筆者がかかわり始めた頃は心理臨床家にも，不妊を心因扱いし「こころの課題の置き換え」と見るなど，不妊やその治療への否定的態度があった。閉塞した卵管がこころがけで開通するとでも（！），自然妊娠の人にも「こころの課題の置き換え」と言うのだろうか？　今なら知らないことが問題だったのだろうと思えるが，当時は憤りを覚えた。無理解のなか，ホルモンバランスを崩すほど疲れたのなら復調を手伝いたい，万一「逃げ」だとして，出産・育児という大仕事を，容易ではないこの治療まで使って選ぶのなら，まずそのつらさを理解したかった。そもそも逃げるのが適切な場合もあるし，動機が必ずしもその後を予想しないのが人生だ。しかしやはりそれは杞憂だった。「こころの課題の置き換え」ではなく，ただ，大事な望みのために大変な思いをして頑張っている人たちがいた。

　このようなCoであり，こころとからだのブリーフセラピーという点では執筆をお許しいただけるかと思うが，肝心の思春期という点では「なぜおまえが」である。成人期の臨床から示唆がありうるのか？　思春期にこころとからだの悩みをブリーフ的に自力で乗り越えたClがいた。彼女に大事なことを教えられた。いわば未来のポジションから考える試みになるが，本ケースを通して思春期のこころとからだの悩みへのブリーフ的支援を考えてみたい。

本ケースで主に活用したブリーフセラピー

　本ケースではSFBTを中心的に，NTについてはテイスト的に用いている。NTには効率の視点はなく，ブリーフセラピーとして扱うことに違和感があるが，この2つは基本姿勢や主要な方法の類似性が高く筆者は混然一体的に用いており，本ケースを語るうえで欠かせないため，NTもここで取り上げた。発展途上の学びで紙幅の限界もあるが，最低限必要なことを述べたい。

(1) SFBT

SFBTは家族療法の流れに属し，天才的催眠療法家ミルトン・H・エリクソンの影響を大きく受け，1970年代後半のアメリカで，スティーブ・ディ・シェイザーとインスー・キム・バーグらによって生み出された。以下，「シンプルであるほうが現場で役に立つ」という考えのもと，ミニマムエッセンシャルズを示す森・黒沢の解説[(2)]をベースに記す。

・**発想の前提① 「解決」について知るほうが，「問題」や「原因」を把握するよりも有用である**：通常は問題が起こると問題分析や原因追求を行うが，SFBTはClの問題に関する語りを妥当なものとして承認したうえで，有用性の観点から問題や原因は深追いせず，「解決」について考える。解決は問題とは必ずしも関係なく，「問題解決」ではなく「解決構築」を行う。問題を扱う必要がある場合はNTから取り入れた外在化（後述）の技法を用いる。

・**発想の前提② 人は解決のためのリソースをもっており，みずからが解決の専門家である**：通常は援助専門家が解決とは何かを考え，必要なことを教えるが，SFBTではClが自身の専門家として活躍する。ゆえにClが解決のビジョンである「解決像」を考える。一方，問題に目を奪われたなかでは解決像は考えにくく，それを助ける質問の1つがミラクル・クエスチョンだ。対話を丁寧に続け，Clの内外のリソースや，問題の手が届かなかった出来事である「例外」などを，質問を活用して引き出し，それを発展させるかたちで，Clがみずからよい状態に近づくことを手伝う。援助専門家は対話の専門家となる。

・**発想の前提③ 変化は絶えず起こり必然である。小さな変化は大きな変化を生み出す**：解決構築は困難な場合もあるが，システム論的に，常に変化は起こっており小さな変化が大きな変化を引き起こすこと（リップルエフェクト）に着目し，ドミノの最初の一枚を倒すことに注力する。それに役立つ質問の1つがスケーリング・クエスチョンである。

・**グランド・ルール（中心哲学）① うまくいっているなら，変えようとするな**：問題に目を奪われるなかでうまくいっていることに着目する重要性

を示す。

・グランド・ルール② 一度でもうまくいったなら，またそれをせよ：
SFBTの革新的概念である「例外」につながるルールである。大切なことは
良循環の増幅である。少しでもうまくいったこと・問題の手が届ききれなか
ったことである「例外」に目を向ける。例外が繰り返されれば良循環は増幅
する。例外はすでにある解決の一部で，「成功の実例」とも言い，解決のヒ
ントとなる。「成功の責任追及」をして，一度でもうまくいったことが繰り
返されるよう支援する。

・グランド・ルール③ うまくいかないなら，何か違うことをせよ：問題
があると「何か違った策を」と急いでしまいがちだが，SFBTではまずグラ
ンド・ルール②からグランド・ルール①への流れ作りに取り組む。どうして
もうまくいかない場合にグランド・ルール③に進み，SFBTも含めて何か違
うことをして，悪循環を断ち良循環を作っていく。

以上の考えをもとにした，Clにとって有用な対話を行うための諸技法を表
12-1に示す。本表は簡略なものであり，実際の臨床は柔軟に，守破離で進め
られる。後掲の表12-2も同様の性格である。

（2）NT

NTはオセアニアのマイケル・ホワイトとデイヴィッド・エプストンが作
った家族療法で，ミシェル・フーコーなどポストモダニズムや社会構成主義
の影響を強く受けている。その定義については，ホワイトやエプストンも具
体的内容を示さず，NTには多様な理解と実践がある。こうしたなか，ナラ
ティヴ・セラピストの国重は，次の思想を共有する実践をNTとみなせるの
ではないかと言う。「人を問題の主たる責任者であると位置づけることを拒
絶し，ものごとの『本当の真実』は存在せず，ただそのことを語るストーリ
ーが存在するという立場を取ること，そして，その人自身に自分の人生を生
き抜いていける資質，資源，能力が必ずや存在しているという仮説を持って
いること（中略）つまり，その人には必ずや希望があるのだという信念を持

表12-1　SFBTの主な技法

（1）CIの思考の枠組みを学ぶ
CIは最初に来談動機や問題について話すことが多い。CIの重要な人物と事柄に注意を向けて聴き，思考の枠組みを学ぶ。
・CIの言葉を用いて質問する：CIが直前に発した言葉を用いて質問を作れば，CIの思考の枠組みのなかで働きかける質問となる。これは面接全体を通じてこころがける基本技法である。
（2）解決をイメージする（解決像作り）
やりとりが一段落したときに「今日はそうしたことがどうなることを望んでいらしたのですか？」などと尋ね，対話を解決に方向づけて，ミラクル・クエスチョンなどを用いてCIが望む解決を描けるようにする。
・ミラクル・クエスチョン：「ここでちょっと変わった質問をしたいと思います。少し想像力がいるかもしれません。今日の面接が終わった後で，家に帰ってお休みになったと考えてください。あなたが眠っている間に奇跡が起こって，今日，ご相談に来られた問題が解決したとします。でも，あなたは眠っていたので解決が起こったことはわからないわけです。明日の朝になって，夜中に奇跡が起こって相談に来られた問題が解決したことをあなたに教えてくれる，最初の小さな事柄はどんなものになるでしょうか？」。ゆっくりと，イメージ作業が進むよう留意して行う。
（3）例外探しと成功の責任追及
・例外探しの質問：「今お話しになったこと（解決像）に少しでも近いこととして，最近どんなことがありましたか？」。「例外がありましたか？」ではなく，例外はすでに存在するという前提で開かれた質問をする。
・成功の責任追及：「（その例外を）いったいどのように行ったのですか？」「何がよかったのでしょうか？」「どんな工夫をしたのですか？」。解決（例外）を引き起こす行動や役立つことを言葉にすることによって，それを記憶して技術として繰り返すことが可能になる。
（4）スケーリング・クエスチョン
解決像に基づいて作られるゴールが，CIにとって重要で達成可能なことを具体的にイメージできる言葉で表現されるよう，スケーリング・クエスチョンなどを用いて引き出す。
・スケーリング・クエスチョン：「問題や状況が最悪だったときを0（または1），解決した状態を10とすると，現在はどのくらいですか？」「どんなことからその数字だと思うのですか？」「1上がったときには，どんなことが違っているでしょうか？」。もし現状を0（または1）と答えたら，「その状態なのに，どうやって今日は来談することができたのですか？」「そんな状態で毎日どのように過ごしているのですか？」といったサバイバル・クエスチョンを行う。
（5）フィードバック
・コンプリメント：CIにとって重要なこと，うまくいっていること，努力や工夫，長所を称賛し労うことで，CIは自分の肯定的変化やリソースに気づくことができる。面接中随時行うようにこころがける。
・提案：最もよく用いられる提案は，次の2つである。①うまくいっていることや役立つ行動を続ける。②例外や解決に役立つことを観察する。

※田中[4]に黒沢[5]を加味し適宜修正のうえ作成。表中の台詞は質問の例。

表12-2　NTの主な技法

<table>
<tr><td colspan="2">導入</td><td colspan="2">・Clの話を要約し確認する：断定せずClの意見を反映する余地を残して行う。「あなたのお話を……と受け取りましたがOKですか？」「〝自分は○○（問題）で，△△（レッテル）な人間だ〟ということで，おつらいという理解で合っていますか？」</td></tr>
<tr><td rowspan="5">影響相対化質問</td><td rowspan="2">マップ1：問題の「人に対する影響」の探索</td><td colspan="2">外在化する対話
・問題の名づけ：問題の行動パターンを特徴づけ，その特徴を表す名前をつけることで，問題を人から切り離す。「○○のパターンはどんな感じですか？」「あなたに何をさせますか？」「やり口は？　狙いは？」⇒「そんな○○に合う名前をつけるとしたら？」⇒「□□かな」（Clの答え）
・問題の影響のマッピング：家・職場・学校などの生活の場，家族・友人・自分などとの関係，希望・夢・価値観などのアイデンティティに関することに，問題がどう影響したか問う。「□□は仕事や家族との関係，自分のイメージにどう影響しましたか？」
・問題の歴史をたどる：いつ，どこで，どれくらいとたどることで，問題の影響を相対化する。「最初に□□に気づいたのはいつ？　□□があなたの人生に入り込んでくる前はどう過ごしていましたか？」「□□がもっと力をもっていたのは，もっと弱かったのはいつ？」
・問題を文脈に位置づける（脱構築）：□□を問題化する〝当たり前とされる考え（ディスコース）〟を検討し絶対性を緩める。「〝自分は△△（レッテル）な人間だ〟とする考えはどうやって発展してきたのでしょう？」「この考えに納得していますか？あなたに役立ちますか？」</td></tr>
<tr><td colspan="2">・ユニークな結果を発見する：問題の手が届ききれなかったこと（ユニークな結果）に耳を傾けていく。「□□の言いなりになってしまいそうだったけれども，そうならなかったことを思い出せますか？」「あなたの生活で□□があまり目立たない領域はどこでしょう？」</td></tr>
<tr><td rowspan="3">マップ2：人の「問題に対する影響」の探索</td><td colspan="2">再著述する対話
・ユニークな結果の歴史と意味を描写する：ユニークな結果はオルタナティブ・ストーリーの糸口になる。ユニークな結果の歴史をたどって（行為の描写），意味が与えられるほど（意味・アイデンティティの描写），豊かに記述される（再著述）。再著述によりClの力や意志が前面に押し出され，好みや望みが確認できるようになり，Clの将来の行為にも影響する。</td></tr>
<tr><td>行為の風景
「このこと（ユニークな結果）はいつどこで，誰と？」「自分で決めたんですか？誰かに言われてですか？」「初めてでしたか？　どんな準備を？」「そこに至るまでにどんなステップを踏んだんですか？」</td><td>意味・アイデンティティの風景
「この行為は人生にどう影響しましたか？」「あなたの大事なこととどう関係がありますか？」「どんな価値観でそれをしたのでしょう？」「この行為はあなたがどんな人だということを表しますか？」</td></tr>
<tr><td colspan="2">・オルタナティブ・ストーリーを名づける：オルタナティブ・ストーリーを名づけることによりドミナント・ストーリーの影響から離れやすくなり，Clの好みや望みもより明確になる。「□□にいいようにされないあなたのこうした活動を何と呼びましょうか？」
・ユニークな可能性を探索する：オルタナティブ・ストーリーが感じさせる将来の可能性を探索する。「あなたについて得られたこうした知識から助けられると，何ができるようになりますか？」「ここで明らかになった力は，次のステップを踏むうえでどんな違いを生むでしょう？」</td></tr>
</table>

※モーガン[6]，ホワイト[7]，国重[3][8]をもとに作成。表中の台詞は質問の例。

っていること」（下線筆者）。SFBTとかなり重なるが，下線部がNT独自の思想である。

・ストーリー：NTは"再著述"の対話として知られ，その理解においては「ストーリー」が重要である。ストーリーは，複数の出来事がつなげられて筋になったものである。私たちは日々の出来事を意味づけながら生きている。たとえばある女性の「好感度タレント」というストーリーは，彼女に関する多くの出来事のうち「笑顔でテレビに出演した」「温かなファンサービスをした」などいくつかをつなぎ，好感度の証として意味づけることでできてくる。好感度に関することがさらに注目され，「後輩にきつくあたった」などの好感度と一致しない出来事に注意が向かなくなるサイクルが繰り返されて，ストーリーは分厚くなる。これには「好感度ランキング上位」といった他者評価や，「タレントは好感度！」「女性は感じよく」などのディスコース（後述）も影響する。大きな力をもつようになったストーリーはドミナント・ストーリーと呼ばれ，自分に対する見方（アイデンティティ）にも影響し，好感度を意識した振る舞いをするようになるなど将来をも変える。

・ディスコース：ディスコースの定義は難解だが，ここではシンプルに「集団で広く共有される考え」とする。ものごとの解釈はディスコースによってもたらされる。一昔前に「痴話喧嘩」と軽視された夫が妻を殴る行為は，現在ではDVと解釈される。これはDVというディスコースが社会に広く共有されたからだ。力をもつディスコースは世間で「当たり前」と見なされている。たとえば不登校は「学校は行くものだ」という「当たり前」から逸脱するために問題となる。NTは脱構築，つまりClを縛る「当たり前」に突っ込みを入れて絶対性をゆるめ，生きやすくなるよう支援する。

・外在化：NTは「外在化」で有名だが，これは内在化という「当たり前」の脱構築である。人の内側に問題が在ると考えるのが内在化ディスコースである。たとえば娘が不調となったときに，「母親に問題がある」「愛情不足」などとすることだ。内在化ディスコースに後押しされ，「母親の愛情不足ストーリー」はドミナントになる。ドミナント・ストーリーはレッテル的な薄い記述を伴いやすいが，「母親失格」はその1つだ。娘のためにしてき

たさまざまなことに注意が向かなくなり，母親としての豊かな人生が薄く記述される。アイデンティティにも悪影響を与え，「私はダメな母親」という思いを強めさせ，力を奪う。NTは問題を人の外側に在るものと捉え，人から問題を切り離す。問題を擬人化し問題についてインタビューするようなかたちで，Clが問題について精査できるようにする。母親神話などのClを縛るディスコースを緩め，問題の手が届ききれなかったことである「ユニークな結果」を引き出し，オルタナティブ・ストーリーを厚くする対話である再著述に進む。Clの好みや望みに添う，Clが主著者（Coは共著者）となるこのストーリーは，アイデンティティにもよい影響を与え，可能性を開く。

　以上の考えをもとにしたNTの諸技法を表12-2に示す。

　SFBTとNTの異同に関する議論は少なくないが，[10][11]筆者はこう考えている（問題に対する態度の異同については前述したため，その他の点について述べる）。問題の手が届ききれなかったことに焦点を当てるうえで，SFBTは解決構築の方法の探索，NTはストーリーを厚くするアイデンティティ描写に重点がある。SFBTは未来，NTは過去を活かす知恵がより豊かだ。また，SFBTはエリクソンの影響からイメージや前提の利用に優れ，NTはフーコーの影響から理不尽な力に対して敏感だ。どちらも汎用的だが，両方使えるほうがClのニーズにより応じやすい。そもそもSFBTかNTかは臨床上重要ではない。どちらも臨床アプローチの1つにすぎず，筆者にとってはブリーフであることがより大切だ。さらにいえば，Clの人生の時間をCoのやり方のせいで無駄にせぬようにという意味ではブリーフだが，必要なら絶対傾聴も厭わず，表面的（？）な意味ではブリーフでもない。最上位の指針はClにとって一番よい時間の使い方ができることだ。

思春期の摂食障害を自力でブリーフ的に乗り越えたケース
――未来からの振り返り

　それではケースを紹介する（本稿に必要な要素以外は抽象化等の個人情報保

護を行った)。

　Aさんは柔らかなニットが似合う女性である。不妊は発達上の危機となり、さまざまな葛藤や対人関係の困難を生じさせ、治療を受ける場合には身体的苦痛や経済的問題に加え心理的負荷も増す[（12）]。Aさんもこうした負荷により不調となり、カウンセリングを受けていた。

　ある面接で、Aさんがふと、「若い頃の摂食障害は自力で乗り越えたけど、今回は難しくて」と話した。あまりにさらりと語られフォーカスしそびれたが、摂食障害を自力で（！）、成功の責任追及をしない手はないと気づき、後日改めてうかがった。「あの摂食障害を自力で乗り越えられたのは本当にすごいことで、ここにAさんのお力とか工夫とか、今の困りごとにも活かせるものがたくさん詰まっているように思います。よかったら、どうやって乗り越えたか教えてくださいますか？」と尋ねると、恐縮しつつも嬉しそうに、Aさんは話しだした。

　Aさんは、女子高時代はのんびりと過ごしていた。派手な子もいたが自分とは遠い存在で、体型も気にしていなかった。しかし医者が多い家系だったAさんは医学部を目指すよう親に言われ、予備校の寮に入ってから変わった。受験のストレスと、周りが異性を意識した格好になったことで、Aさんはやせようとしはじめた。心身の状態が不安定になり、実家に戻り精神科を受診したが、薬が合わず、病院には一度しか行かなかった。受験は何とか乗り切り医療系大学に進学。食べ吐きは続いたが、一人暮らしがしたくなり実家を出た。

　そんなあるとき、友だちがAさんの髪をクルクルと巻いてくれた。

　Aさん：あれ？　自分も変わるじゃん、いけてる！　って。
　Co　　：うん、自分もいけてるって！
　Aさん：はいっ、好きなアイドルみたいに巻いて、お化粧も工夫して。
　Co　　：うんうん。
　Aさん：化粧しないほうがいいって言う人もいたけど、やってみて。

Co 　：うん！

Aさん：そしたら男の子たちもいる輪に入れるようになって……思い返せ
　　　　ば小さな頃から，一番にならないと，一番になりたいって人目を
　　　　気にしてたんです。

Co 　：なるほど，そうだったんですね。そういうことって諸刃の剣なん
　　　　でしょうね。人目を気にすることでストレスがかかると摂食障害
　　　　っていうかたちになって，逆にそこから出ていくときも，見た目
　　　　を大事に，自分が望む姿に近づくことで抜け出せたんですね～。
　　　　髪の毛クルクル，Aさんだけの工夫！

彼女は恥ずかしそうに笑った。

Co 　：あの～，もう少しいいですか？　その後も日々過ごしてれば大変
　　　　なこともあったと思うんですけど，どうでしたか？

Aさん：食べ吐きしそうなときはあったけど，しませんでした。今は夫が
　　　　「自分と同じくらい食べる」って驚くくらいで（笑）。

Co 　：ああ，食べるの好きっておっしゃってましたもんね。それって，
　　　　どうしてそういられたんでしょう？

Aさん：ん～，結婚して昔ほど異性の目を気にしないでよくなって。

Co 　：なるほど，そうですよね，ちゃんとパートナーと巡り合って。で
　　　　も不妊治療もすごく大変じゃないですか。

Aさん：はい，食べすぎるときはあるけど，吐くのは，妊活によくないこ
　　　　とはやめようって。

Co 　：ああそうか，うん，頑張ってらっしゃいますもんね。

　それまでも彼女の思いやりや賢明さ等のリソースには気づいていたが，チャーミングでユニークな工夫で困難を切り抜け，自分の望みに近づいたという力強さを感じるようになった。
　その後もこのエピソードは，問題に振り回され問題解決に終始しそうなと

きには，「うんうん，大変ですよね。こんなのは嫌なんですよね。そう，本当はどうなりたいんでしょう。どうなりたいんでしたっけ？　Ａさんはちゃんと自分の大事な望みがある人でしたよね」と舵を切り直す際に役立った。また例外探しや成功の責任追及の質問に答えが出にくいときにも，「どうですかね，ちょっとしたこと，ほんのちょっとしたことでも。これもひょっとしたらそうかなとか。ほら，"髪の毛クルクル"もそうだったし，自分に役立つフィットする方法を見つけるの上手でしたよね」とＡさんを励ますリソースとして活かされた。不妊治療終了に伴いカウンセリングも終結を迎えたが，Ａさんみずから今後のためにと，このリソースについての振り返りを希望した。

　摂食障害といえば，思春期女性のこころとからだの悩みの代表，という感がある。近年では原因を養育環境や母親との関係に求める説は支持されなくなってきたが，いまだそうした誤解は少なくない。⁽¹³⁾また，やせを礼賛する文化やボディイメージに関する認知の歪みの問題は必ず挙げられる。⁽¹⁴⁾こうした現状のなかで，髪を巻くという見た目の工夫が「自分もいけてる！」という自信となり，異性もいる輪に入れるようになるという望みに近づいて，Ａさんが自力で切り抜けたことに筆者は感銘を受けた。

　摂食障害は，緊急入院を要したり過酷な環境を生き抜く術のアディクションとなることもあり，⁽¹⁴⁾⁽¹⁵⁾髪をクルクル巻けば万事OK，ではない。一方，エキスパートの仕事は，摂食障害の中核は生きづらさであると理解し（家族はできるだけ支援のパートナーとして位置づけ），自分らしく生きられることを悪循環が変わるポイントとして捉え，問題があっても本人の好みや望みが活きる人生を支援するというところに来ているようだ。⁽¹⁶⁾この流れに，Clを自身の専門家として尊重するSFBTやNTは添う（過酷な環境にある人々の臨床から生まれたSFBT・NTの出自を考えれば当然だろうが）。

　SFBTは変わった質問技法が目を引き毛嫌いされがちだが（筆者もそうだった），実際には本ケースのように案外普通だ。しかしここに，Clをみずからの専門家として十全に生きることに誘う仕事がある。……人生は容易くな

い。何の努力もなく生きてこられた人はいない。人と比べ問題に自信を奪われ忘れているが，本当は誰もがみずからの専門家だ。そこには人生を切り盛りしてきた数多のリソースが潜んでいる。問題の手が届ききれなかったことは必ずあり，「それはどうやって？」と問えばClの知恵や工夫が見えてくる。そもそも問題に悩むのは，こんなことは嫌だという思いがあるからだ。その裏には大事な望みがある。「本当はどうなったらいいですかね，どんなことを望んでるんでしょう？」。流れを作り好機を活かせば，本当の望みは語られる。「そうか，大変なのに私はやってこれたんだ。こんなこと望んでたんだなあ。もう自分の望みに向かって歩いてたんだ」と気づき，「なんか大丈夫な気がしてきた」と思えてくるような対話を質問を使って行う。

　表面的に質問してもこうはならない。Clをみずからの専門家だと信じる姿勢が質問を機能させる。本ケースでもこの姿勢が，摂食障害を自力で乗り越えたことに光を当て，例外として問う対話を生んだ。Clは問題に目を奪われ，例外探しや成功の責任追及の質問にすぐに答えられないことも多い。Aさんも，現在食べ吐きが抑えられている理由についてはそうだった。だが，彼女を信じて落ち着いて待っていると，答えが出てきた。

　この対話は思春期についてだけでもよかったが，摂食障害が簡単におさまるとは思えず，「Aさんがその後も力を発揮しているはず」という思いで，その後についても質問を続けた。思春期の話をした際の彼女から，成功ストーリーを引き出す意味を感じたためでもあった。「結婚して昔ほど異性の目が……」という1つの答えだけで満足せずさらに尋ねたところ，不妊治療という大きなストレスが加わったときも，「子どもがほしい」という望みが摂食障害を抑える力であることがわかり，力強さのストーリーが厚くなった（意図したわけではないが，この成功の責任追及はアイデンティティ描写に役立つNT的質問となっている。また本対話では外在化らしい言葉を使っていないが，Clの左斜め前に摂食障害という塊があるようなイメージで話していた）。

　こうした姿勢はときに「あなたは自分の専門家！」と解決を強要するソリューション・フォーストにもなる。一方，フォースト回避に気をとられると「いい人だけど聴いているだけ」になりかねない。このあたりは難しいが，

身近なところにモデルがあった。

　筆者の本務は大学での心理専門家養成だが，実習でお世話になる療育施設がある。当初言葉で伝えられず玩具を取り合っていた子たちが，半年も経つと「か〜し〜て〜」と言いながら一緒に遊べるようになる。怖がっていたことにも手が出せるようになる。「もう世界がグレーじゃないんだね」と，輝く笑顔に胸が熱くなる。先生方は常に将来を見通し，その子ができるようになったらいいことを考える。今の状態を精緻に見定めながら，少し先に届くためのかかわりを今のその子に合ったやり方で行う。押したり引いたり，本当になりたい姿に近づくよう，ゆったりと柔らかく。これは困難にある人が前に進めるときに援助者が行うかかわりなのだろう。

　もちろん筆者はまだまだであるが，粘り強さは出てきた。質問に首をひねられては「すいません，わかりにくいですよねえ。たとえばこんなことで」「ごめんなさい，私の説明がよくないです。え〜っと，こんなことがお聞きしたくて」，成功の責任追及の答えを「○○しただけ」「○○って思っただけ」と一言で返されても，「でも，そうしない方もいっぱいいますよね。やらない選択肢もあったのになぜできたんですか？」「初めはそう思っても忘れてしまう人が多いのに，どうして手放さないでいられたんでしょう？」と続ける。ありがたいことに，「なんかこの人，一生懸命私のこと考えてくれてるな」「よくわからないけど質問されたこと考えてみよう」といった調子でClは答えてくれている。Clの内側からの光が増すこのかかわりを今後も丁寧に続けたい。

おわりに

　こころとからだの悩みは誰にでもあるとはいえ，思春期に悩む人は感受性や真面目さが秀でたり苦労の多い環境であったり，その後も悩みがちかもしれない。思春期に自身の専門家というみずからへの信頼が得られれば，自信を失いやすい思春期はもちろん，将来の応用問題を自分で解く助けにもなろ[18]う。Aさんは思春期の「大例外」をもっていたが，カウンセリングでの対話[19][20]

に至る数十年間，意識されることはなかった。彼女が思春期にこうした対話をできていたなら……。思春期臨床のSFBT・NTのCoの方々の仕事の大きさを思う。

謝辞：事例掲載を許可くださったAさん，蔵本武志院長・村上貴美子副院長はじめ蔵本ウイメンズクリニックの皆様，佐座千恵美先生はじめ福岡市立東部療育センター分園・すてっぷ松香台の皆様，ナラティヴ・セラピストの石河澄江さん，そして黒沢幸子先生に深謝いたします。

［引用文献］
（1）マイケル・ホワイト，デイヴィッド・エプストン（小森康永訳）『物語としての家族［新訳版］』金剛出版，2017年（White, M., Epston, D.: *Narrative means to therapeutic ends*. W.W.Norton, 1990.）
（2）森俊夫，黒沢幸子『〈森・黒沢のワークショップで学ぶ〉解決志向ブリーフセラピー』ほんの森出版，2002年
（3）国重浩一『ナラティヴ・セラピーの会話術——ディスコースとエイジェンシーという視点』金子書房，2013年
（4）田中ひな子「解決を志向する言葉——ソリューション・フォーカスト・アプローチから」『現代のエスプリ』530号，73-82頁，2011年
（5）黒沢幸子編著『ワークシートでブリーフセラピー——学校ですぐ使える解決志向＆外在化の発想と技法』ほんの森出版，2012年
（6）アリス・モーガン（小森康永，上田牧子訳）『ナラティヴ・セラピーって何？』金剛出版，2003年（Morgan, A.: *What is narrative therapy?: an easy-to-read introduction*. Dulwich Centre Publications, 2000）
（7）マイケル・ホワイト（小森康永，奥野光訳）『ナラティヴ実践地図』金剛出版，2009年（White, M.: *Maps of narrative practice*. W.W.Norton, 2007）
（8）国重浩一『ナラティヴ・セラピー・ワークショップBook 1——基礎知識と背景概念を知る』北大路書房，2021年
（9）坂本真佐哉『今日から始まるナラティヴ・セラピー——希望をひらく対人援助』日本評論社，2019年
（10）マイケル・ホワイト，スティーブ・ドゥ・シェイザー（森俊夫，瀬戸屋雄太郎訳）「家族療法の新しい方向性」『現代思想』30巻4号，84-112頁，2002年
（11）浅井伸彦編著，松本健輔著，坂本真佐哉監修『はじめての家族療法——クライエントとその関係者を支援するすべての人へ』北大路書房，2021年
（12）伊藤弥生「不妊治療における心理臨床にみる女性たち」園田雅代，平木典子，下山晴彦編『女性の発達臨床心理学』192-202頁，金剛出版，2007年

(13) 鈴木眞理，小原千郷「生きづらさと家族会」『こころの科学』209号，89-93頁，2020年

(14)「摂食障害治療ガイドライン」作成委員会編，日本摂食障害学会監修『摂食障害治療ガイドライン』医学書院，2012年

(15) 大嶋栄子『生き延びるためのアディクション—嵐の後を生きる「彼女たち」へのソーシャルワーク』金剛出版，2019年

(16) NABA（日本アノレキシア・ブリミア協会）編『多様化する摂食障害からの回復と成長2013 in 東京—摂食障害いのちと地域をつなぐ連携事業報告集』2014年

(17) 伊藤拓『ソリューション・フォーカスト・ブリーフセラピーの効果的な実践に関する研究—誤った実践に陥らずに解決構築するためのポイント』ナカニシヤ出版，2021年

(18) 青木省三『思春期の心の臨床—日常診療における精神療法［第3版］』金剛出版，2020年

(19) 黒沢幸子「"反抗"と"ずるさ"の境界にゆれる—保護者コンサルテーションのすすめ（連続講座　思春期臨床と親支援　第4回）」『臨床心理学』11巻5号，729-737頁，2011年

(20) 黒沢幸子『やさしい思春期臨床—子と親を活かすレッスン』金剛出版，2015年

［参考文献］
相場幸子，龍島秀広編，解決のための面接研究会『みんな元気になる対人援助のための面接法—解決志向アプローチへの招待』金剛出版，2006年

ピーター・ディヤング，インスー・キム・バーグ（桐田弘江，住谷祐子，玉真慎子訳）『解決のための面接技法 第4版—ソリューション・フォーカストアプローチの手引き』金剛出版，2016年（De Jong, P., Kim Berg, I.: *Interviewing for solutions. 4th ed.* Brooks/Cole Publishing, 2012.）

国重浩一『もう一度カウンセング入門—心理臨床の「あたりまえ」を再考する』日本評論社，2021年

龍島秀広，阿部幸弘，相場幸子他『読んでわかるやって身につく解決志向リハーサルブック—面接と対人援助の技術・基礎から上級まで』遠見書房，2017年

思春期界隈ストーリー
──保護者や関係者を支援する

Akatsu Reiko
赤津玲子

はじめに

　私が高校時代を過ごした街には「界隈」という名の喫茶店があり，よく友だちと立ち寄った。「界隈」には，密やかでほのかにヤサぐれているような大人の匂いが漂っていた。もちろん少し薄暗くはあったが，何ら後ろ暗くない喫茶店である。この店に行くことで，大人の世界に仲間入りをするような気持ちになっていた気がする。一方，親は私が「界隈」に出入りしていたことを知らない。他校の生徒を垣間見たり，喫茶店のマスターに憧れたり，私が「界隈」から影響を受けていることを，親は知らなかったはずである。ただ，私の反抗的な振る舞いや発言から，何かを察していたに違いないと思うのだ。

　今の時代には，「界隈」のような場所はないとおっしゃる方が多いだろう。しかし，インターネットが身近になったがゆえのSNSやオンラインゲームは，子どもたちにとって保護者の知らない世界を満喫できる場所である。私たちにとっての「界隈」が，時間や空間を変えて展開している，そんなふうに捉えることができると思う。子どもたちのコミュニティは，自覚的にも無自覚的にもその影響を強く受けている可能性がある。

　子どもに与える社会的な影響力が保護者の影響力よりも大きくなるのが，思春期である(1)。子どもが変わるのだから，必然的に子どもと保護者のコミュニケーションも変わってくる。それが反抗期と呼ばれる場合もあるだろう。これまでと同じやり方で解決しようとしても，解決できなくなるのだ。保護

者が戸惑うのは当然だといえる。保護者が解決を強く望むほどに，子どもとのコミュニケーションは悪循環に陥りやすい[2][3]。思春期の子どもの問題を主訴として来談する保護者や関係者の「関係を支援する」ということは，来談した彼らを「問題のある保護者や関係者」とみなすことなく，悪循環に陥っている彼らの関係にアプローチするということだ。

　本章では，保護者や関係者を支援する関係支援（システムズアプローチ）について考える。たとえば，子どもの腹痛と不登校で悩んだ保護者が来談したときに，私たちの支援によって，これまでと違った子どもへの声かけやかかわり方が可能になるかもしれない。それが解決の初めの一歩となればいい。そのような関係支援を考えてみよう。問題とみなされている子どもに私たちが直接会っても会わなくても，支援できることはたくさんあるのだ。ここでは，小学校，中学校，高等学校の3つの事例から，多様な関係支援について考えてみよう。

「私も抜毛してたんです」と言うお母さん

　スクールカウンセラー（SC）として勤務する小学校の相談室に，夏休み前，一人の女性が来談した。A（小学6年生女子）の母親である。Aの様子を見た養護教諭から声をかけられたらしい。

（1）初回面接

　〈母親の話〉今年の春休みに，Aの抜毛に気がついた。びっくりして何かあったのかと問うと，唐突に「学校に行きたくない」という。嫌なことを言われる，クラスが嫌い，学校が嫌い。不登校になったわけではないが，これはただごとじゃないと思った。そこで，4月に職場の部署替えをしてもらい，Aと話す時間を作るようこころがけてきた。しかし，それ以後もいっこうに抜毛が改善せずに今に至っている。

　父親は厳しく，子どもにとって怖い存在である。怒ると子どもに正座をさせて説教，子どもがよそ見をしたらさらに怒る。Aには，「髪の毛に手をや

るな」「髪の毛を抜くなんてしたらあかん。何でするんや」と口うるさく言う。Aが長い時間トイレに入っていると，毛を抜いていると思うのか，「出てこい」と声をかける。しかし，出てきたAは怒っている父親を前に黙り込む。

　児童相談所に相談しようとすると，父親に「Aが自分で気持ちをなおさないとどうしようもないだろう」と言われ反対された。同居している父方祖母も，「自分でしかなおせないだろう」と言う。

　Aが小学2年生のときに，こころとからだを鍛えようと両親で話し合い，剣道をやらせることに決めた。今も続けているが，先日，体調が悪いわけではないのに初めて休んだ。理由を聞いたところ，「先生が特定の子をえこひいきするから嫌だ」と言い出した。もしかしたら剣道をやめたいのかもしれないが，簡単にやめさせていいのか迷うし，父親も許すわけないと思う。

SC　：お母さん，ご心配ですね……。

母親：はい，もう子どものホンネが知りたいです，それがわかれば解決してあげられるのに。

SC　：そうですね，そんな気持ちになりますね。

母親：実は，私も子どもの頃に抜毛していたことがあって。

SC　：え？　そうだったんですか。

母親：遺伝かもしれないとか，いろいろ考えてしまったんですけど……。（あれもこれもきちんとしなくちゃ，と思ってバタバタしていた中学校の頃の話をする）

SC　：そうだったんですね。お母さんはすごく頑張り屋さんだったんですね。

母親：（涙ぐむ）そうでしょうか。

SC　：はい，そうだと思います。髪の毛を抜いてしまうことが遺伝だとは思わないですけど，Aさんは，頑張り屋さんなところがお母さんに似たのかもしれないですね。

母親：はい（笑顔）。それなのに私は，インターネットで調べた抜毛の人

の写真とか見せて，「こうなってもいいのか」って娘に言ってしまって。（涙ぐむ）

SC　：ああ，年頃の娘さんですし，心配だからそうしちゃうのも仕方ないですよね。本当はどんなふうに声をかけたいなあと思ってらっしゃるんですか？

母親：大丈夫だよと，自分が子どもの頃は毛を抜いて怒られてばっかりだったんで，大丈夫だと言ってあげたいです。

SC　：ああ，そうですね，そんなふうに言ってあげられたらいいですね。

母親：言ってあげたいです。もう，子どもが何を考えているのかわからないので。

（2）第2回面接

SC　：その後，Aさんの様子はどうですか？

母親：実は，夏休み明けぐらいから集中できるものが多くなって，抜毛がすごく減ったんです。まあ，メイクとかオシャレなんですけど（笑）。

SC　：すごいですね，どうされたんでしょう。

母親：いや，正確に言うと毛を抜いてはいるんですけど，回数的に減ってて。私も「あかんで」と軽く言う程度で。

SC　：そうなんですか。

母親：あと，お父さんがAの洋服を一緒に買いにいったりして，Aと話すようになったんです。まあ，実際は見ててイライラすることも多いんですけど（苦笑）。

SC　：お父さんすごいですね，何かきっかけがあったんですか？

母親：小学校でカウンセリングを受けてきたって言ったら，何か言われたかって言うんで，私の抜毛の話もしちゃったんです（苦笑）。

SC　：そうだったんですか，話せてよかったですね。

母親：はい，気になっていた剣道も「3月までやってみてA嫌だったらやめてもいい」とお父さんが言い出して，びっくりしました。

Aはその後，登校をしぶることなく卒業し，母親に聞くところによると中学校も元気で過ごしているようだった。

　このケースは，SCと母親の間でなされた会話が，母親と父親の会話を生み出し，変化のきっかけとなったと捉えることができる。それが父親の子どもへの対応の変化につながった可能性がある。

　ここで注目したいのは，母親自身が抜毛をしていたという話である。思春期の保護者との話で，保護者もそうだったという話を聞くことがよくある。強迫症状であれ，不安症状であれ，自分と似ていると話す保護者は多い。たとえば母親の抜毛について，母親自身の育ちに問題があったと解釈し，母親のなかに病理が内在しているとみなすアプローチがあるかもしれない。抜毛という行為の意味を解釈する人もいるだろう。しかし，関係支援の立場からは，抜毛は子どもをめぐる関係性のなかで生じていると考えることができる。

　また，「子どものホンネが知りたい」という母親の訴えにも注目したい。こうした訴えは，思春期の子どもをもつ親の発言として聞くことが多い。子どもが思春期を迎えると，「子どものホンネが知りたい」と表現せずにはいられないほど，子どものことがよくわからなくなるのだ。そこには，子どものリアクションがこれまでと違うという保護者側の戸惑いがある。これまでと違った不可解なリアクションの裏にホンネがあるのではないかと感じてしまうのだ。しかし，そもそも「自分のホンネって何だろう」と思うのが思春期である。こころとからだの変化に追いついていけない子どもの戸惑いや不安がある。「ホンネを知りたい」と言うしかないほど困っている保護者の気持ちに共感し，子どもへの対応を変える力に結びつけたいものである。

担任の暗躍

　思春期界隈で右往左往しているのは，保護者だけではない。本人の知らないところで，さまざまな関係者が暗躍している。

　5月の下旬，一人の担任がSCに話しかけた。

担任：先生，実は４月から学校に来ない生徒Ｂ（中学２年生男子）がいる
　　　んですが，お母さんにカウンセリングに来るよう勧めていたんです。
　　　フルタイム勤務ですごく忙しくされてて，学校に来る時間が遅くな
　　　ってしまうんですけど，かまわないでしょうか。

SC　：前もって教えていただけたら時間作れるから大丈夫ですよ。

担任：ありがとうございます。あと，なんかこういうのがいいのか私には
　　　わからないんですけど，そのお母さんが私にも同席してほしいって
　　　いうんですが，どうでしょうか。

SC　：ああ，全然かまいませんよ。大歓迎です。

そして予定通り，母親，担任との面接が行われた。

（１）初回面接

　〈母親の話〉Ｂは５月の連休明けから腹痛を訴えて休みがちになり，中間
テスト後に微熱で10日も欠席している。父親と一緒に内科を受診したが問題
ないとのことだった。しかし腹痛が続いているため再度受診したところ，起
立性調節障害と言われた。

　先週，私が台所にいたらＢが来て，「死ぬことが怖い」「眠れない」などと
言われた。どうしたのかと思い話を聞いたが，いろいろ気にしすぎではない
かと思った。今は布団から出てこず寝てばかりいるから，余計に考えすぎる
のではないかと思っている。

　自分は勤めているので時間がなく，家事は祖母（実母）任せである。しか
し，Ｂの問題で祖母が自分の子育てに対していろいろ言ってくるのが我慢で
きない（涙ぐむ）。自分なりに考え，Ｂとは手紙やメールでやりとりしたり
しているのに，「母親がきちんと子どもの面倒を見ないから悪い」と言われ
る。祖母に責められると腹が立ってＢに対応できなくなってしまう。父親も
いろいろ考えてくれて，休日にＢを誘って弟も一緒に家族４人で外食に出る
ことが増えており，Ｂの表情も明るくなってきたように感じている。

SC ：そうなんですね，お父さんがそんなふうに家族で食事に連れていっ
　　　てくれるなんて，すごいですね。お母さんが限られた時間のなかで，
　　　Bさんに手紙を書いたりメールをしたりされている方法もすごくい
　　　いと思います。

母親：そうでしょうか，そうだったらいいんですけど。

SC ：先日みたいにまたBさんが話しかけてきたら話を聞いてあげるよう
　　　な感じでいいと思います。

担任：でね，先生，おばあちゃんがお母さんにいろいろ言ってくるのが，
　　　お母さんにとったらすごくつらいんです。

SC ：ああ，さっきお話しされていた……。

母親：はい。（涙ぐむ）

SC ：おばあちゃんにしてみたら，気持ちは母親代わりでBさんにかかわ
　　　ってきたんですよね。だから，おばあちゃんなりに今のBさんの状
　　　態はショックなのかもしれないですね。

母親，担任：（うなずく）

SC ：おばあちゃんのBさんに対する心配や不安がお母さんに向いてるだ
　　　けと考えて，難しいかもしれないですけど，聞き流してみたらどう
　　　でしょうか。

母親：（うなずく）

担任：私もなんとかしなくちゃと思って，家庭訪問をしておばあちゃんと
　　　何度も話してるんです。お母さんなりにやっていることを認めてほ
　　　しくて。

SC ：ああ，そうだったんですね。じゃあ，先生がおばあちゃんのグチ聞
　　　き役をしてくださったらいいんじゃないかと思うんですけど，どう
　　　でしょうか。

担任：グチ聞き役？　お母さんのことをかばわなくてもいいんですか？

SC ：はい。変にかばおうとするとややこしくなっちゃうでしょう？

担任：そうなんですよー（苦笑）。

SC ：それよりも，おばあちゃんの困り感に共感する感じで，グチ聞き役

をしてくださると，はけ口になっていいかもしれないですね。
　担任：なるほど，わかりました。

　その後，担任からは，「週1回程度の家庭訪問で，祖母のグチ聞き役をしている」と報告があった。Bは9月中旬まで全休していたが，その後，体育祭をきっかけとして，友人たちの誘いもあり登校するようになったと報告された。その頃，担任から「祖母がBについて相談したがっている」と話があり，祖母とSCの面接が設定された。

（2）祖母との面接
　〈祖母の話〉娘（Bの母親）は仕事中心で結婚が遅く，Bが生まれてから家族で実家に帰ってきた。若い頃から仕事ばかりで家事も何もできないため，子育てはすべて自分が何とかしてきた。たとえば，Bが帰宅したら鞄を全部開けて，連絡プリントがないかどうかチェックしている。Bは本当は，娘（母親）に話を聞いてほしいんだと思う。このままだと，また学校に行かなくなってしまうかもしれない。

　SC　：おばあちゃん，Bさんの子育てですごく頑張ってらしたんですね。
　祖母：そうなんですよ，娘が何もしないもんで。
　SC　：おばあちゃんがおっしゃるように，Bさんは今，お母さんに話を聞いてもらいたいんでしょうね。
　祖母：私もそう思います。それなのに娘は……。
　SC　：今こそ，娘さんを「母親」として育てるチャンスですね。
　祖母：え？
　SC　：「何もしない娘」ではなく，「母親」になってもらうために，おばあちゃんは娘さんの子育てに口を出さず，娘さんが主体的に子育てに取り組めるようにしたほうがよさそうですね。
　祖母：ああ，そうなんですよ。私も，娘が私に言われてから動くのでは意味がないと思ってて。

SC　：娘さんは失敗もするだろうし，右往左往するかもしれないから，手
　　　　を貸さないで見守るのはけっこう大変だと思いますが。
　祖母：Bのためには必要だと思うんで，頑張ってみます。

　このケースは，Bの不登校が主訴であったが，母親の苦労はそこではなく，
同居の祖母（実母）との関係にあった。母親は，それを理解してくれている
担任に同席を依頼し，2人で祖母への対応についてSCに訴えたと考えられ
る。
　このように，主訴とニーズが異なっているケースは多い。主訴として「不
登校」という言い方は同じでも，そこにかかわる人の数だけニーズがあるの
だ。この母親のニーズは，「祖母（実母）を何とかしてほしい」ということ
だった。担任のニーズは「母親を応援したい，祖母を何とかしたい」だった
と思われる。ひとまず，祖母を問題とした母親−担任の「問題構築システ
ム」ができあがっていたとみなすことができる。SCは，Bの不登校への母
親の対応をねぎらい，ニーズを優先したジョイニングを行い，母親−担任の
「問題構築システム」に無事に仲間入りをすることができた。さらに，祖母
を「問題のある人」とみなさずに，担任と祖母の新しい相互作用を作り出せ
るようアプローチした。その結果，担任の祖母とのかかわりが変化し，祖母
が来談に至ったと考えることができる。
　協働や連携は，ケース会議などで方向性を決めて取り組む場合もあるが，
現場ではこのような小さな支援システムを少しずつ機能するように働きかけ
ていくことが非常に多い。このケースでは，母親−担任システムにSCが加
わり，最終的に祖母を巻き込んだBの支援システムができあがった。このよ
うに主訴に直接的にかかわらずとも，地道に手をつなぐ支援の輪が功を奏す
ることが現場では大いにあるのだ。

「甘やかしてはいけない」という信念

　親しい心療内科の医師の紹介で，一人の母親が来談した。場所は，大学院

附属の臨床心理相談室である。主訴は長女Ｃ（高校３年生女子）の不登校だった。「娘が来ないと話にならないですよね」と申し訳なさそうに言う母親に対して，「全然問題ないですよ」と言葉をかけ，話を聞き始めた。カウンセラー（Co）の隣には，実習中の大学院生が硬くなって陪席していた。

（１）初回面接

〈母親の話〉今春，Ｃが自分に，学校で友だちにノートを取り上げられたり，眼鏡を取り上げられたりすると話した。担任に相談し，「本人から話を聞きたい」と言われたことをＣに伝えると，Ｃは「とにかくかかわりたくない」の一点張りだった。自分としては，その程度なら乗り越えられるだろうと思っていたが，１週間後ぐらいからＣに頭痛，吐き気，めまいなどが起こり，内科と脳外科を受診した。検査の結果，問題はなかったが，同僚の勧めで心療内科を受診。Ｃが「学校を続けるのは無理」と言い，自分も無理そうだと思ったため，夏休み前に通信制高校の見学に行ったが，入学手続きがいまだにできていない。単位をとれば卒業できるし大学受験もできるのに，家から出られずに今に至っている。

> 母親：もう３ヵ月，Ｃがずっと家にいる状態で，腹が立って仕方がないんです。私のほうがどうにかなりそうで。こんな状態が続いたら，虐待に近いことを言ってしまいそうなんです。すでにけっこうひどい言葉を言っているときもあります。
>
> Co　：ああ，そうですよね，お子さんが３ヵ月もずっと外出もせずに家にいたら，そういう気持ちになると思います。
>
> 母親：もう高校生だし，一人っ子だし，甘やかしたらダメでしょう？　余計に甘えて何も考えられない子どもになってしまったら大変だし……。
>
> Co　：そうですよね，お母さんからすると心配ですよね。
>
> 母親：ええ，将来が心配なんですよ。だから今，こんな状態で甘やかしたりなんかできません。

Co ：あのー，そういえば，○○先生（医師），言ってませんでしたか？
　　熱を出すのはからだの病気だけど，こころがそういう状態だったら
　　温めてあげないとって。

母親：え？　そうなんですか？

Co ：ええ，○○先生はよくそうおっしゃってます。ご心配だと思うんで
　　すけど，今は先生のおっしゃるようにしたほうがいいかもしれない
　　ですね。

〈中略〉

Co ：Cさんは家のことは何もできない状態でしょうか？

母親：洗濯物を取り込むのはやってくれるんですけど，「やっといて」と
　　言っても嫌だと言われるんで。

Co ：お父さんもお母さんも毎日働いているから家事手伝ってくれたら助
　　かるんだけどって，控えめに言ってみたらどうでしょう。

母親：それならできそうなんで，言ってみます。

（2）第2〜4回面接

　〈母親の話〉家事について提案すると，「やる」と言われてびっくりした。
そして，○○先生の言う通り，病気の子には優しくしようと考え，「相手は
小学生だ」と思うようにした。

　単位制高校に入学できて，Cが一人で高校に行けた。また，家事をお小遣
い制にして，20日で1万円になるようにしたらどうかとCに提案したところ，
単価が安すぎると言い返してきた。これまで何をどうしたいなどまったく言
ったことのないCが言い返してきたので，やっと反抗期かと何だか嬉しかっ
た。

（3）第5回面接

　大学受験を控え，医師の勧めでCが来談，母子同席面接となった。

Co ：受験の日に，お母さんにできそうなことってあるかな。

C　　：普通にしててほしいです。

母親：え？　意味がわからないんだけど。

C　　：（真面目な顔で）お母さん，気合いがあふれているから。

母親：そんなの，どうしたらいいかわからないじゃない。（Coを見る）

Co　：もうちょっと具体的にどうしたらいいか教えてくれるかな？

C　　：「ポカリスエット」のCMみたいにしてほしい。

母親，Co，大学院生：（間。笑い出す）

〈中略〉

母親：部屋が寒いかもしれないし，暑いかもしれない，どんな感じかわか
　　　らないから，毛布を持っていったほうがいいと思うよ。

C　　：大丈夫だよ，毛布はいらない。カイロ持ってくし。

母親：いや，会場に行ってからではどうしようもないし，お腹痛くなった
　　　ら困るし。

C　　：いや，毛布はいらない。

母親：（Coを見る）

Co　：（大学院生に）Cさんに年齢的に近いと思うんだけど，実際のところ
　　　受験会場ってどうだった？

大学院生：そうですね，会場は……。（室温以外にも雰囲気等いろいろ話す）

C　　：（熱心に聞いている）

母親：昔とは違うんですね，私のときはそんなふうではなくて，もっと殺
　　　伐としてました（笑）。

　このケースは，医師とCoの関係を前提として，その医師の紹介で母親が
来談した。初回面接では，Coが医師の言いそうな「温めてあげないと」を
ネタにして，母親の「甘やかしてはいけない」枠組みに働きかけ，母親とC
の相互作用が変化した。さらに，母子同席面接では陪席の大学院生に手伝っ
てもらい，母親の枠組みに働きかけた。同席面接における母子間のコミュニ
ケーションで，母親が戸惑い，Coのほうを見て助けを求めたことに応じて，
Coが間に入った。Coが変化しつつある母子間のコミュニケーションに一時

的に入ることによって，変化を促進したと捉えることができる。そのためには，医師と母親の関係が良好であること，大学院生が母親の話にうまく合わせてジョイニングできていることなど，システム内の関係性を把握することが必要である。

　また，母親はCに対する怒りを語っていたが，Coはある程度その枠組みに合わせたうえで，「心配している」と意味づけした。母親の怒りを「攻撃性」と捉えて，なぜ母親が娘に対して攻撃的なのかについて解釈する心理療法があるかもしれないが，一方でこのように再定義することによって，母親に肯定的な変化のきっかけを与えることができる。[(2)]

おわりに

　「界隈」は，薄暗くても怪しくても健全な喫茶店である。そこで病理が作られているかのように捉えるのではなく，子どもたちの発達や成長に目を向け，肯定的に捉えたいと思う。もちろん，病気や症状に対しての薬物療法を否定しているわけではない。むしろ利用したほうがいい場合もある。それも関係支援の1つの手段とみなすことができるだろう。

　保護者も関係者も，子どもを支援したいという気持ちは私たちと同じである。もし，支援したいというモチベーションが低いように見えるのであれば，私たちとの関係で作り出せばいい。[(4)]それも支援の1つのかたちであり，リソースとなる。

　支援する人々を支援するということは，彼らと可能な限り対等な関係で手をつなぐということだ。私たち自身を支援システムの関係の網の目のなかに置いてみれば，私たち自身が変わることで変化の可能性が生まれる。[(5)]間違っても私たち自身が新たな問題を作り出さないよう，最低限の努力を重ねることから始めたい。

　［文　献］
（1）赤津玲子「本人にしか会えない本人支援」「本人に会わない保護者支援」吉川悟，

　赤津玲子，伊東秀章編『システムズアプローチによるスクールカウンセリング―システム論からみた学校臨床［第2版］』195-203頁，211-219頁，金剛出版，2019年

（2）Weakland, J.H., Fisch, R., Watzlawick, P. et al.: Brief therapy: focused problem resolution. 2009.［初出：*Family Process* 13: 141-168, 1974.］（小森康永監訳『解決が問題である―MRIブリーフセラピー・センターセレクション』金剛出版，2011年）

（3）東豊『新版　セラピストの技法―システムズアプローチをマスターする』日本評論社，2019年

（4）赤津玲子「家族カウンセリングでの逆転に向けて―家族のチカラを引き出すコツ」坂本真佐哉編『逆転の家族面接』178-192頁，日本評論社，2017年

（5）赤津玲子「今日から始める，システム論」赤津玲子，田中究，木場律志編『みんなのシステム論―対人援助のためのコラボレーション入門』14-32頁，日本評論社，2019年

執筆者一覧————

志田　望（しだ・のぞむ）
滋賀県スクールカウンセラー

法澤直子（ほうさわ・なおこ）
長崎純心大学地域連携センター
長崎県スクールカウンセラー

井上滉太（いのうえ・こうた）
東京都区立教育相談所
東京都スクールカウンセラー
やまき心理臨床オフィス

横尾晴香（よこお・はるか）
東京都スクールカウンセラー

西田達也（にしだ・たつや）
なごや子ども応援委員会スクールカウンセラー

大石直子（おおいし・なおこ）
学校法人上智学院
関西医科大学心療内科学講座

吉田幸平（よしだ・こうへい）
関西医科大学心療内科学講座
関西医科大学附属病院がん治療・緩和ケアセンターがん支持療法チーム

山仲彩代（やまなか・さよ）
中村メンタルクリニック

田上　貢（たがみ・みつぐ）
かえでクリニック
大阪府ひきこもり地域支援センター

伊東秀章（いとう・ひであき）
龍谷大学文学部臨床心理学科

平山雄也（ひらやま・ゆうや）
こころとからだつながるクリニック

伊藤弥生（いとう・やよい）
九州産業大学人間科学部臨床心理学科
蔵本ウイメンズクリニック

編者————

黒沢幸子（くろさわ・さちこ）
目白大学心理学部心理カウンセリング学科教授。KIDSカウンセリング・システム研究会
チーフコンサルタント。臨床心理士，公認心理師。
上智大学大学院文学研究科教育学専攻心理学コース博士前期課程修了。病院・クリニック
でのカウンセラー，スクールカウンセラー等を経て現職。
著書に『未来・解決志向ブリーフセラピーへの招待』（日本評論社），『やさしい思春期臨
床』（金剛出版），『不登校・ひきこもりに効く ブリーフセラピー』（共編，日本評論社），
『ワークシートでブリーフセラピー』（編著，ほんの森出版），『〈森・黒沢のワークショッ
プで学ぶ〉解決志向ブリーフセラピー』（共著，ほんの森出版）などがある。

赤津玲子（あかつ・れいこ）
龍谷大学文学部臨床心理学科准教授。京都ファミリールーム所長。臨床心理士，公認心理
師。
龍谷大学大学院文学研究科教育学専攻博士後期課程修了。児童相談所，スクールカウンセ
ラー，心療内科勤務等を経て現職。
著書に『システムズアプローチによるスクールカウンセリング［第2版］』（共編，金剛出
版），『みんなのシステム論』（共編，日本評論社），『逆転の家族面接』（分担執筆，日本評
論社）などがある。

木場律志（きば・ただし）
甲南女子大学人間科学部心理学科講師。臨床心理士，公認心理師。
関西医科大学大学院医学研究科（心療内科学）博士課程修了。大学病院や民間病院の心療
内科，私立中学校・高校・大学の相談室等を経て現職。
著書に『みんなのシステム論』（共編，日本評論社），『逆転の家族面接』（分担執筆，日本
評論社）などがある。

思春期のブリーフセラピー
こころとからだの心理臨床

2022年9月25日　第1版第1刷発行
2023年1月20日　第1版第2刷発行

編　者——黒沢幸子　赤津玲子　木場律志
発行所——株式会社 日本評論社
　　　　　〒170-8474　東京都豊島区南大塚3-12-4
　　　　　電話 03-3987-8621（販売）-8598（編集）　振替 00100-3-16
印刷所——港北メディアサービス株式会社
製本所——株式会社難波製本
装　幀——土屋　光（Perfect Vacuum）

検印省略　© 2022 Kurosawa, S., Akatsu, R., Kiba, T.
ISBN978-4-535-56414-5　Printed in Japan